Birgit Heintz

Empathie auf vier Hufen

Einblicke in Erleben und Wirkung
pferdegestützter Psychotherapie

Mit 22 Abbildungen

Vandenhoeck & Ruprecht

Bibliografische Information der Deutschen Nationalbibliothek:
Die Deutsche Nationalbibliothek verzeichnet diese Publikation in der
Deutschen Nationalbibliografie, detaillierte bibliografische Daten sind
im Internet über https://dnb.de abrufbar.

© 2021, Vandenhoeck & Ruprecht GmbH & Co. KG,
Theaterstraße 13, D-37073 Göttingen
Alle Rechte vorbehalten. Das Werk und seine Teile sind urheberrechtlich
geschützt. Jede Verwertung in anderen als den gesetzlich zugelassenen Fällen
bedarf der vorherigen schriftlichen Einwilligung des Verlages.

Bildnachweis: Abb. 4b, 4c: Clotilde Peters | Abb. 3, 4a, 8a, 8b, 10: Marika Weiger |
Abb. 7, 9, 12: Birgit Heintz

Umschlagabbildung: Nadia Baumgart, Zuneigung
(kolorierte Tuschezeichnung)

Satz: SchwabScantechnik, Göttingen
Druck und Bindung: ⊕ Hubert & Co. BuchPartner, Göttingen
Printed in the EU

Vandenhoeck & Ruprecht Verlage | www.vandenhoeck-ruprecht-verlage.com

ISBN 978-3-525-40299-3

Inhalt

Vorwort 9

Die Stute aus Lehm – Eine alte Erzählung 13

Einführung 16

1 Entwicklungslinien und Forschungsbemühungen
  auf dem Gebiet der pferdegestützten Psychotherapie 21

2 Das Studienvorhaben – Forschen »mit Seele« 26
  2.1 Wie die Nadel(n) im Heuhaufen – Zur Stichprobe
      und der Suche nach Interviewpartnern 29
  2.2 Sensibilisierende Konzepte statt festgelegter
      Hypothesen – Was erschien wichtig? 31
  2.3 Die Fragestellungen 32
  2.4 Hermeneutisches Verstehen – die Methode
      der »Grounded Theory« 33

3 Grundsätzliche Wirkfaktoren in der Psychotherapie
  und ihre Übertragbarkeit 37

4 Die Faktoren Bindung und Oxytocin 41

5 Die Bedeutung von Intersubjektivität und Empathie
  für die therapeutische Beziehung 47
  5.1 Evolution der Empathie und Biologie
      der Gegenübertragung 50
  5.2 Das Pferd – Ein empathiefähiges Wesen 54

6 Vorstellung der interviewten Therapeutinnen 57
  Anne-Kristin Siemering 58
  Marika Weiger 60
  Susanne Tarabochia 62
  Angelika Rückl-Kast 64

Ilka Parent 67
Barbara von Morgen 69

7 Auszüge aus den Patientinnen-Interviews 72
Frau H. (42 Jahre), PTBS 73
Anna (20 Jahre), Generalisierte Angststörung, diverse Phobien 74
Sophie (20 Jahre), Zwangserkrankung 76
Sabine (24 Jahre), Anorexia nervosa, dissoziative Störung 78
Frau A. (52 Jahre), Generalisierte Angststörung 80
Frau M. (42 Jahre), PTBS, Selbstverletzung, dissoziative Störung 82
Herr C. (43 Jahre), PTBS nach Auslandseinsatz 83
Marilyn (32 Jahre), PTBS, Panikattacken 85
Frau Sch. (52 Jahre), Generalisierte Angststörung,
   Panikattacken (zunächst Familienintervention) 86
Frau E. (58 Jahre), PTBS 89
Frau F. (54 Jahre), mittelgradige bis schwere Depression
   (zunächst Familienintervention) 90
Jessika (13), Kind einer psychisch kranken Mutter 93
Maja (20), Traumatisierung durch familiäre Gewalt 94
Bina (18 Jahre), Traumatisierung durch familiäre Gewalt 96
Valerie (23 Jahre), Kind einer psychisch kranken Mutter 98
Nora (21 Jahre), Kind drogenabhängiger Eltern 100

8 Reiche Ernte – Diskussion der Ergebnisse 103
8.1 Wesentliche Indikationen zur Einbeziehung der Pferde 105
8.1.1 Schwierigkeiten mit rein sprachgebundener Kommunikation 105
8.1.2 Erleichterte Anbahnung einer vertrauensvollen therapeutischen Beziehung 109
8.1.3 Förderung der Wahrnehmung von Körper und Emotionen 109
8.1.4 Nacherleben von Halt, Angenommen- und Getragensein 110
Überblick zu Kapitel 8.1 112
8.2 Die therapeutische Beziehung in der neuen Triade Patientin–Pferd–Therapeutin 112
Überblick zu Kapitel 8.2 115

8.3 Erkenntnisgewinn im geschützten Übergangsraum
zwischen Praxis und realer Lebenswelt 116
   8.3.1 Das beobachtete Pferd als thematische Ressource 119
   8.3.2 Die Therapeutin-Pferd-Interaktion als Modell ... 120
   8.3.3 Das Pferd als Übergangsobjekt 122
   8.3.4 Das Pferd als Co-Therapeut 124
   8.3.5 Die Patientin-Pferd-Dyade 126
   Überblick zu Kapitel 8.3 127
8.4 Körpererfahrung und emotionale Öffnung 128
   Überblick zu Kapitel 8.4 137
8.5 Dimensionen einer ganz besonderen Verbindung –
Intersubjektivität artübergreifend 138
   Exkurs: Verhaltensbeobachtungen in der Pferdeherde 141
   Überblick zu Kapitel 8.5 149
8.6 Naturerfahrung – Rückbindung an das Leben 149
   Überblick zu Kapitel 8.6 151

**9 Imaginationen, Träume, innere Bilder –
Das Pferd als archetypisches Symbol** 152

10 Zusammenschau und Ausblick 172

Dank 178

Literatur 179

Anhang 185
   Die Therapeutinnen 186
   Die Patientinnen 188
   Interviewleitbögen 191

Vorwort

»Es ist Abend, ein Tag voll langer Schatten und gleißendem Sonnenlicht neigt sich dem Ende zu, alle sind erschöpft. […] Tamino, Hannahs Pferd, steht mit gesenktem Kopf vor ihr. Plötzlich ergreift Tamino die Initiative und streckt seine Nase in die ausgebreiteten Arme der jungen Frau. Er lehnt seine Stirn gegen ihre Brust und blubbert sanft warme Luft aus seinen Nüstern, so dass ein hörbares Geräusch entsteht. Hannah springt zurück, Entsetzen in ihren Augen. Den ganzen Tag hat sie durchgehalten – wegen ihm. Sie ist neben ihm gewandert, hat ihn geführt und sich schaukelnd von ihm durch die Landschaft tragen lassen. Sie hat sich ihm anvertraut. Und nun, in dieser besonderen Umarmung schnaubt er ihr an den Bauch? Er hält dem Entsetzen stand und bleibt Hannah nahe. Da legt Hannah schluchzend ihre Arme um seinen Kopf. Ihr Gesicht sinkt zwischen seine Ohren. Tamino seufzt hörbar. Die junge Frau schluchzt in die Mähne des Pferdes. Ihr feingliedriger Körper bebt. Ich komme näher, überrascht, dass Hannah so viel Kontakt sucht und erträgt. Ich frage sie, ob ich meine Hand auf ihren Rücken legen darf. Hannah nickt still. Ihr Atem wird ruhiger. Tamino löst seinen Kopf aus ihrer Umklammerung und bläst in ihr verweintes Gesicht. ›Es war grauenvoll‹, sagt Hannah ganz leise« (Hedinger u. Zink, 2017, S. 13 f.).

Vor mehr als hundert Jahren erschienen zwei Werke, die beide für das Buch, dessen Lektüre Ihnen nun bevorsteht, wesentliche Grundlagen schufen – obwohl diese unmittelbar hintereinander erscheinenden beiden Publikationen aus dem vorigen Jahrhundert auf den ersten Blick keinerlei Verbindungen miteinander zu haben scheinen außer dem Namen »Hans«, einem Pferd – und dem Phänomen der Triangulierung.

Sigmund Freud hat bereits 1908 wesentliche Teile seines wahrscheinlich bekanntesten psychoanalytischen Konzepts, des »Ödipuskomplexes«, in seiner Fallgeschichte des »Kleinen Hans« herausgearbeitet und sie in seiner berühmten »Analyse der Phobie eines fünfjährigen Knaben« veröffentlicht (Freud, 1909). Dieses Kind hatte nach einem traumatischen Vorfall eine Pferdephobie entwickelt. Das Behandlungssetting war sowohl für damals wie auch für heute ungewöhnlich: Der Vater des Jungen erzählte Freud von den Symptomen, Freud erklärte dem Vater seine wesentlichen Gedanken und Interpretationen dazu und der Vater sprach daraufhin mit dem Jungen …

Nur ein Jahr vor Freuds therapeutischen Erfolgen in der Arbeit an einer Pferdephobie veröffentlichte Oskar Pfungst sein Werk »Das Pferd des Herrn Osten« (1907). Wie wahrscheinlich die meisten Leser*innen wissen, handelt es sich bei diesem Pferd um den berühmten »Klugen Hans«, von dem eine wissenschaftliche Kommission ein paar Jahre davor nicht herausfinden konnte, wie diese Situation wissenschaftlich zu erklären sei: Zuschauer*innen riefen dem Besitzer des Pferdes Rechenaufgaben zu, der Besitzer forderte es auf, diese zu lösen, und der Kluge Hans klopfte mit seinem Huf die richtige Zahl.

Die Jung'sche Psychoanalytikerin Birgit Heintz, die in ihrer Pilotstudie Erfahrungen von Therapeut*innen und Klient*innen in der Arbeit mit dem Pferd im Rahmen sorgfältig geplanter und der Eigenart des Gegenstandes »Psychotherapie« methodisch adäquater, achtsam durchgeführter Forschung auf systematische und subtile Weise sehr tiefgehend untersucht hat, hat mir mit ihrem Werk als Leser viel Freude bereitet: Sie hat mich wie wenige Autor*innen auf diesem Gebiet zuvor wieder ein wenig mit diesen Ereignissen des Jahres 1907 und seinen zum Teil fatalen Auswirkungen auf die Wissenschaftslandschaft der Psychologie versöhnt!

Als Oskar Pfungst die Erkenntnis publizierte, dass der Kluge Hans gar nicht rechnete, sondern »nur« durch das Erkennen und exakte Interpretieren von Mikrosignalen der anwesenden Menschen (die diese selbst nicht bewusst wahrnehmen und interpretieren konnten) beim fälschlich als »Rechnen« interpretierten Klopfen mit dem Huf immer dann aufhörte, wenn er an diesen Mikrosignalen eine bestimmte Reaktion »ablesen« konnte, reagierte die Wissenschaftswelt empört über diesen »Betrug« und lenkte die Entwicklung der

Vorwort

Psychologie des 20. Jahrhunderts in Richtung Ausschaltung von Effekten, die das Gegenüber auf die zu untersuchenden Personen hat. Der »Interviewereffekt«, eben auch als »Kluger-Hans-Effekt« in die Literatur eingegangen, wurde als zu eliminierender Störfaktor in die Negation verbannt – und damit waren die damals schon entstandenen Chancen für lange Zeit verspielt, die durch die Entdeckung der sensationellen Fähigkeiten des Pferdes entstanden waren: nämlich die Erkenntnis systematisch zu verfeinern und auszubauen, dass Pferde in viel souveränerer Weise unsere Mikrosignale entschlüsseln können, als menschliche Therapeut*innen auch nach langer Schulung es jemals können werden. Gleichermaßen vernachlässigt wurde im Weiteren auch die Triangulierungsebene, die sowohl bei Freuds Kleinem Hans wie auch bei Ostens Klugem Hans eine wesentliche Rolle gespielt hatte. Es hat sehr lange gebraucht, bis beides für eine Bearbeitung von Traumata so genutzt werden konnte, wie wir es bei Tamino, Hannah und ihrer Therapeutin miterleben durften.

Hannah und Tamino haben miteinander in dieser Szene eine Gratwanderung geschafft: Tamino hat sich Hannah zugemutet und hat darauf vertraut, dass Hannah in ihrem tiefsten Inneren, unterhalb der Verkrustungen der Traumatisierung, genauso intuitiv spüren kann, dass Tamino sie mit seiner intimen Annäherung nicht missbraucht, wie Tamino spüren konnte, dass Hannah hinter den Schutzschilden ihrer traumatisierten Persönlichkeit echten und direkten Kontakt ersehnt – und dass sie stark genug ist, den dabei entstehenden Schmerz mit ihm und der Therapeutin gemeinsam auszuhalten.

Die letzten Worte im anfänglichen Zitat deuteten den Durchbruch nur an: Hannah konnte in dieser Szene zum ersten Mal dezidiert von ihrem Missbrauchstrauma erzählen, das therapeutische Team war in der Bearbeitungsphase von Hannahs Trauma angekommen.

Birgit Heintz bringt die Prozesse, die auf beiden Seiten – bei den Klient*innen ebenso wie bei den Therapeut*innen – ausgelöst werden, zur Sprache, nutzt dabei die Ressourcen ihrer eigenen Therapieschule und verbindet schließlich das Forschungsinstrument qualitativer Interviews mit einem Werkzeug der Analytischen Psychologie, der Imagination. Was dadurch konkret erfassbar wird, darf und will ich im Vorwort nicht vorwegnehmen, kann aber festhalten, dass durch diese forschungsmethodische Vorgangsweise die entscheidenden, oft sehr subtilen therapeutischen Prozesselemente am deutlichsten und markantesten sichtbar gemacht werden.

Hans, der Junge, stand Pate bei der Etablierung der psychoanalytischen Wissenschaft, die Birgit Heintz geholfen hat, kluge Wege bei der Erkundung der teilweise noch immer rätselhaften Phänomene zu beschreiben, die wir beobachten können, wenn Therapiepferde als triangulierende »Co-Therapeut*innen« und »Vermittlungstherapeut*innen« helfen, therapeutische Erfolge zu erzielen, die wir ohne sie kaum in dieser Weise erzielen hätten können.

Hans, das Pferd, half letztlich uns allen – nach einer langen Zeit der Ignoranz gegenüber dem eigentlich interessanten Phänomen, das in der lächerlichen Empörung der Wissenschaft, dass das Tier doch nicht rechnen hat können, unterging –, immer tiefer einzudringen in das Geschenk der Möglichkeiten, das die Triangulierung durch das Pferd für Klient*innen und Therapeut*innen bedeuten kann.

Birgit Heintz hat uns nun in ihrem sehr klugen und richtungsweisenden Werk Einblicke in tiefliegende Prozesselemente von Therapien mit Pferden ermöglicht, die die Forschung auf diesem Gebiet enorm befruchten können – weitere Erkundungen dieser Art werden hoffentlich folgen.

Dr. Thomas Stephenson

Die Stute aus Lehm – Eine alte Erzählung

Vor langer Zeit lebte einmal ein armer Junge vom Stamme der Larapihu. Er hatte kein eigenes Pony und sah immer den anderen Kindern beim Reiten zu. Aber er wünschte sich nichts so sehr, wie ein eigenes Pferd. Und einmal, als er zusah, wie die anderen ihre Pferde im Fluss tränkten, nahm er gedankenverloren etwas Lehm in seine Hand und er begann daraus ein Pferd zu formen. Als er fertig war, versteckte er das Pferd unter einem Strauch und kam es jeden Tag besuchen.

In seinen Träumen war es sein eigenes Pferd und er behandelte es, als wäre es lebendig. Eines Tages war der Junge ganz in das Spiel mit seinem Lehmpferd versunken, da musste sein Stamm plötzlich weiterziehen. Die Kundschafter hatten endlich Büffel gesichtet. Die Eltern des Jungen suchten ihn überall, als sie ihn jedoch nirgends finden konnten, machten sie sich schweren Herzens ohne ihn auf den Weg. Als der Junge in das verlassene Lager zurückkehrte weinte er: »Nun bin ich ganz allein und werde meinen Stamm niemals mehr wiederfinden.« Alles was ihm geblieben war, war eine alte Decke. Er weinte bis er schließlich erschöpft und hungrig einschlief. Im Traum jedoch erschien ihm sein Lehmpony und sprach zu ihm: »Kleiner Freund, du bist nicht allein, die Mutter Erde hat mich dir geschenkt, ich bin ein Teil von ihr und lebendig wie sie.« Als der Junge am nächsten Morgen erwachte, war er noch immer traurig. Er lief durch das verlassene Lager und konnte nirgends Trost finden.

Endlich ging er zum Fluss, um nach seinem Lehmpony zu sehen. Wie staunte er, als er an das Ufer trat und dort ein lebendiges Pferd fand. Eine wunderschöne Stute schüttelte ihre Mähne und scharrte ungeduldig mit den Hufen. Und das Pferd sprach zu ihm, genau wie in seinem Traum: »Kleiner Freund, ich will dich zu deinem Volk geleiten, aber vergiss nie, dass ich ein Teil der Mutter Erde bin, steig auf meinen Rücken, doch versuch nicht, mich zu lenken, hör auf mich und eines Tages wirst du der Häuptling deines Stammes sein.« Da stieg der Junge auf und die Stute trug ihn vier Tage lang über die Hügel und durch die Wälder, dann endlich sah der Junge die Tipis seines Stammes vor sich liegen. »Geh nun zu deinen Eltern«, sagte die Stute »aber komm vor Tagesanbruch zu mir zurück, noch will ich nicht gesehen werden, lege mir deine Decke über, um mich vor dem Regen zu schützen.«

Die Eltern waren überglücklich, ihren Jungen wieder zu sehen. Er erzählte ihnen, wie er sie gefunden hatte, aber kurz vor Morgengrauen ging er zu seinem Pony zurück. Weitere vier Tage folgte er dem Stamm, der noch immer die Büffel suchte. Am Abend des vierten Tages sagte die Stute zu ihm: »Jetzt darfst du mich zeigen, reite mich in die Mitte deines Lagers.« Wie staunten sie alle, als sie den armen Jungen auf der schönen Stute sahen. Selbst der Kriegshäuptling war so beeindruckt, dass er den Jungen in sein Tipi einlud und ihm zu essen gab. »Wir sind von Feinden angegriffen worden«, sprach er »wir müssen kämpfen, um die Büffel jagen zu können. Du hast einen weiten Weg hinter dir und hast uns wiedergefunden. Der große Geist hat dir besondere Kräfte gegeben. So reite denn mit uns gegen die Feinde. Ich werde dir eines meiner besten Kriegspferde geben.« Aber der Junge lehnte ab: »Ich werde meine Stute reiten!« – »Es schickt sich nicht für einen Krieger der Larapihu, mit einer Stute in den Kampf zu ziehen!«, grollte der Kriegshäuptling. »Frauen, Kinder und die Alten reiten auf Stuten. Ein junger Krieger wie du sollte niemals eine Stute reiten.«

Aber der Junge bestand darauf, kein anderes Pferd als seine Stute zu reiten, da musste der Kriegshäuptling einwilligen. »Fürchte dich nicht«, flüsterte die Stute ihm zu, als er das Tipi verließ »ich bin ein Teil der Erde. Und niemand kann die Erde verletzen. Streich dir Erde über den ganzen Körper und auch du wirst unverletzbar sein.« Der Junge tat, wie die Stute ihm geraten hatte, und ritt sie mutig mitten in den Kampf. Die Stute war schneller und wendiger als die besten Hengste der erfahrenen Krieger. Kein Pfeil der Feinde konnte ihr etwas anhaben und der Junge führte die Krieger zum Sieg. Endlich war der Weg zu den Büffeln frei. Auch bei der Büffeljagd konnte kein anderes Pferd die Stute übertreffen und der Junge erlegte mehr Büffel als die erwachsenen Männer des Stammes auf ihren schnellsten Büffelpferden. Nun kam selbst der Kriegshäuptling, um seine Stute zu bewundern, und jeder wollte wissen, woher der Junge dieses Wunderpferd bekommen hatte. Aber er schwieg und behielt das Geheimnis seiner Stute für sich.

Die Zeit verging und der Junge vertraute all die Jahre auf die Führung seiner Stute. Wie sie vorausgesagt hatte, wurde er Häuptling seines Stammes. Er hatte viele schöne Pferde, schnelle Kriegsrösser und mutige Büffelpferde. Aber seine Stute war sein größter Schatz, er flocht ihr Adlerfedern in Schweif und Mähne und schützte sie jeden Abend mit seiner besten Decke vor dem Regen. Eines Nachts erschien ihm die Stute wieder im Traum: »Mein Freund«, sprach sie: »Nun bist du Häuptling und hast die Kraft der Mutter Erde. Es ist die Erde, die dir deine Kraft gibt, nicht ich. Ich bin nur ein Teil von ihr. Meine Zeit ist gekommen, ich möchte zu ihr zurückkehren. Bitte, gib mich frei.«

Da erhob sich der Häuptling von seinem Lager und trat in die Dunkelheit hinaus. Dort stand seine geliebte Stute. Sie scharrte unruhig am Boden und schüttelte die Mähne im Wind. »Nimm mir die Decke ab!«, bat sie. Da nahm der Häuptling die Decke ab und ging zurück in sein Tipi. Kurz vor dem Morgengrauen erhob sich ein mächtiger Wind und der Regen rauschte vom Himmel. Der Häuptling erwachte und eilte nach draußen, um nach seiner Stute zu sehen. Aber er konnte sie nirgends finden. Als der Morgen dämmerte erkannte er im ersten Licht des Tages die Farbe des Lehms, aus dem er einst sein Pony geformt hatte, auf der regennassen Erde. Und aus dem Wind sprach die vertraute Stimme zu ihm: »Ich bin die Mutter Erde und ich bin bei dir, du bist nicht allein.«

(Sabine Raile, Aus den Erzählungen eines Larapihu-Indianers)

Einführung

Mit der Domestizierung der Wildpferde vor mehr als sechstausend Jahren begann der Mensch, eine historisch einmalige, enge Verbindung mit einem Tier einzugehen. Pferde halfen, Pflüge, Wagen, Bäume und Schlitten zu ziehen, sie trugen Soldaten durch Schlachten und Kriege, noch bis ins 20. Jahrhundert waren sie auch in der Landwirtschaft allgegenwärtig. Die kulturelle Entwicklung der Menschheit wäre undenkbar ohne das Pferd. Bevor das Pferd geritten und gefahren wurde, war es in matriarchalen Kulturen als heiliges Tier dem Mond geweiht. Die frühgeschichtlichen Erd- und Muttergöttinnen – die griechische Demeter oder die keltische Epona – wurden zuerst in Gestalt einer Stute verehrt und später als Reiterinnen, manchmal auch mit Fohlen an ihrer Seite dargestellt.

Heute ist das Pferd Sport- und Freizeitpartner; das Reiten ist in seinen diversen Teildisziplinen bei den Olympischen Spielen vertreten. Das Pferd aber ist in wachsender Gefahr, Opfer zunehmender Ökonomisierung in einem sich seit Jahrzehnten ausbreitenden Hippokapitalismus zu werden. Als Therapiepartner gewinnen Pferde an Bedeutung in der Krankengymnastik, als lebendiges Medium in der pädagogisch-heilpädagogischen Förderung und seit den 1990er Jahren auch vermehrt in der Psychotherapie. Hier kommt das Pferd vielleicht in besonderer Weise *mit seinem ganzen Wesen* und seiner Bereitschaft, auf den Menschen bezogen zu sein, ins Spiel; hier kommt es in seinem symbolischen Bezug zum Mutterarchetyp, wie von C. G. Jung (1973, S. 353) beschrieben, im doppelten Wortsinn zum Tragen.

Dieses Buch basiert auf den Ergebnissen einer im Jahr 2019 durchgeführten Pilotstudie zur qualitativen Untersuchung spezifischer Wirkfaktoren in der tiefenpsychologisch fundierten, pferdegestützten Psychotherapie. Zu betonen ist, dass mit dem Einbeziehen von Pferden in ein psychotherapeutisches Richtlinienverfahren ein zusätzliches, lebendiges Medium zum Einsatz kommt. Es geht also um die Öffnung und Erweiterung des Settings und um eine psychotherapeutische Behandlungsvariante mit dem Pferd als lebendigem Subjekt, *nicht* etwa um eine neue Therapiemethode. Im Begriff des *Mediums* deutet sich die Rolle des Pferdes als Mittler an. Emotionale Beziehungen und fehlendes (Ur-)Vertrauen können über Identifikationsprozesse mit dem Pferd, seiner Schönheit, seiner Größe und sensiblen Sanftmut nachentwickelt und bestenfalls auf Menschen übertragen werden.[1]

Unsere Untersuchung betraf, den eigenen Ausbildungen entsprechend, die Arbeit mit dem Pferd in tiefenpsychologisch fundierten bzw. analytischen Therapien. Sie impliziert die Beibehaltung aller wesentlichen Grundsätze tiefenpsychologisch fundierten Vorgehens und ist immer integriert in die psychotherapeutische Behandlung in der Praxis – entweder in stunden- oder phasenweisem Wechsel. Wir hatten den Wunsch und die Idee, die ganz persönliche, *subjektive Wahrnehmung der Einbeziehung von Pferden* in therapeutische Prozesse aus Sicht der Psychotherapeutinnen, vor allem aber auch ihrer Patientinnen[2] zu erfassen, zu beschreiben und im Rahmen der Auswertung natürlich auch zu interpretieren.

Hinter dem *Wir* steht eine langjährige Hof-, Arbeits- und Lebensgemeinschaft mit meiner ärztlichen Kollegin Marika Weiger, die an der konzeptionellen Entwicklung der Studie, dem gesamten Auswertungsprozess und der Strukturierung des umfangreichen Datenmaterials wesentlich beteiligt war. Unser Forschungsinteresse gründet auf jeweils gut 25-jähriger praktischer Erfahrung in pferdegestützter Psychotherapie. Im Jahr 2003 führten wir diese gemeinsame Begeisterung auf der Hofanlage Kroed – namentlich *Kroh*, Krähe und *Ed*, Einöde – in Postmünster (Rottal-Inn, Niederbayern) zusammen.

---

1 Auch in anderen Therapieverfahren, zum Beispiel der Verhaltenstherapie oder der systemischen Familientherapie, werden Pferde im Sinne dort geltender Ansätze und Konzepte eingesetzt.

2 Ich benutze im Text den realen Gegebenheiten entsprechend weitgehend die weibliche Form; männliche Kollegen und Patienten mögen sich bitte mitgemeint fühlen.

Marika Weiger hatte durch ihre Tätigkeit als wissenschaftliche Mitarbeiterin zur Untersuchung unkonventioneller, u. a. psychotherapeutischer Verfahren in der Onkologie und als leitende Oberärztin in einer Klinik für Psychosomatik und Ganzheitsmedizin umfangreiche Erfahrung in der Umsetzung bio-psycho-sozialer Therapieansätze. Ich hatte nach pädagogischem und psychologischem Grundstudium das Glück einer sich anschließenden analytischen Ausbildung am Züricher C. G. Jung-Institut im kombinierten Programm für Kinder, Jugendliche und Erwachsene.

Uns beide verbindet ein zugewandtes, humanistisches Welt- und Menschenbild sowie eine psychotherapeutische Grundhaltung, die dem einzigartigen psychisch-seelischen Entwicklungspotenzial eines jeden Menschen allen Respekt zollt. Darüber hinaus kamen wir aus dem Vielseitigkeitssport und sehr kompatiblen reiterlichen Ausbildungen nach den Grundsätzen der klassischen Reitlehre; auch dies verbindet uns in unserer Achtung und unserem Respekt dem Wesen der Pferde gegenüber. Ich möchte Marika Weiger für ihre Mitarbeit und den äußerst wertvollen, inhaltlichen Austausch während dieses Studien- und Buchprojekts herzlichst danken.

Wirksamkeitsstudien zur ambulanten Psychotherapie mit dem Pferd stehen aufgrund der Schwierigkeit der Untersuchung und des Wirksamkeitsnachweises noch aus.

Die Notwendigkeit einer Dreifachqualifikation der behandelnden Therapeutinnen – medizinisches oder psychologisches, im Fall der Kinder- und Jugendlichenpsychotherapeutinnen pädagogisches Grundstudium, Psychotherapieausbildung *und* hippologisches Fachwissen – impliziert einen hohen Ausbildungsaufwand. Artgerechte, gesunde Haltungsbedingungen für in der Psychotherapie eingesetzte Pferde bedeuten darüber hinaus erhöhten finanziellen, materiellen und zeitlichen Einsatz. Dennoch wurden in den vergangenen Jahren immer wieder Praxisberichte und Einzelfall- bzw. Prozessstudien u. a. von unserer Arbeitsgruppe veröffentlicht (Fachgruppe Arbeit mit dem Pferd in der Psychotherapie [FAPP]/Deutsches Kuratorium für Therapeutisches Reiten e. V. [DKThR], 2005, 2018; Gomolla, 2016; Hediger u. Zink, 2017).

Psychotherapeuten und Psychotherapeutinnen stimmen stets aufs Neue in Selbsterfahrungs-, Lehranalyse- und Supervisionsstunden

Einführung

ihr Instrument – sie verfeinern ihre Empathiefähigkeit, ihre Selbstreflexion und ihre Resonanz. Ebenso bedürfen die Pferde, neben einer vertrauensvollen Offenheit dem Menschen gegenüber, guter innerer und äußerer Bedingungen, um diese Aufgabe als Therapiepferd ethisch vertretbar erfüllen zu können. Zunächst wäre da die bereits erwähnte, unabdingbar artgerechte Haltung im Sinne möglicher Sozialkontakte, Weidegang, Auslauf, Licht, Luft und gutem Futter. Sofern die Pferde unsere Patientinnen auf ihrem Rücken tragen und nicht ausschließlich beobachtet oder vom Boden aus eingesetzt werden, sind wir ihnen darüber hinaus entsprechende Gymnastizierung, das heißt sowohl Kräftigung als auch Lockerung ihres gesamten Bewegungsapparates, schuldig. Zu ihrer Grundausbildung und physisch-psychischen Gesunderhaltung, gegebenenfalls ihrem auch turniermäßigen Ausgleichssport, sind Reitkenntnisse erforderlich. Schließlich setzen seriöse Weiterbildungen zur pferdegestützten Arbeit – im DKThR (Deutsches Kuratorium für Therapeutisches Reiten) seit 2020 auch für Psychotherapeutinnen – konsequenterweise zum Schutz der Pferde und der Patienten Trainerlizenzen voraus. So ist es vielleicht nicht verwunderlich, dass Pferde in den Biografien der sie einsetzenden Kolleginnen meist schon lange vor ihrer psychotherapeutischen Laufbahn eine bedeutsame Rolle spielten.

Im Rahmen unseres Forschungsprojekts erklärten sich sechs Therapeutinnen und 15 ihrer Patientinnen sowie ein Patient zu Gesprächen in Form semistrukturierter Interviews bereit. Für ihre enorme Offenheit möchte ich allen Beteiligten meinen ganz großen Dank aussprechen, denn ihre Erzählungen gewähren Einblicke in die hoch komplexen Wirkungen der Pferde auf die therapeutischen Prozesse und persönlichen Entwicklungen. Dass die Patientinnen darüber hinaus noch in anschließenden Imaginationen nicht nur ihre Gedanken, sondern auch ihre inneren Bilder zu teilen bereit waren, bewegt mich bis heute sehr; diesen inneren Bildern und einigen Träumen ist ein eigenes Kapitel gewidmet.

Irgendwann, mitten im Auswertungsprozess dieser Studie, fand ich eine Notiz mit einem Zitat meines ersten Lehrers, einem der wichtigen Bewahrer ethischer Grundsätze der klassischen Reitlehre in der Nachkriegszeit: »Zu der Frage, wann sitzt der Reiter richtig? kann die Antwort nur lauten ›Wenn er im Gleichgewicht ist‹.

Dabei geht es aber nicht nur um seine Wirbelsäule und seine Gesäßknochen, sondern es geht um den ganzen Menschen. Dieser ganze Mensch, der da auf dem Pferd sitzt oder vor mir steht, ist ja eine ganze Welt! Diese ganze erstaunliche, vielleicht fremde oder auch unheimliche Welt mit dem Pferd ins Gleichgewicht zu bringen, ist die Aufgabe« (Beck-Broichsitter, 2010, S. 140).

Ich war zwölf Jahre alt, als wir uns begegneten, er selbst lebte und realisierte diesen Gedanken mit jeder Faser seines Herzens. Es ist, als hätte er mit der Achtung und Wertschätzung dem *ganzen Menschen* gegenüber, den er in uns jungen und seinen älteren Reitschülern immer zu sehen und zu verstehen bemüht war, ein Samenkorn gepflanzt. Das Postulat, sich dem ganzen Menschen zuzuwenden, ist in der Vermittlung klassischer Reitkunst nicht minder bedeutsam als in der Psychotherapie – selbstverständlich, sollte man eigentlich meinen. Bei einem Reitschüler, einer Reitschülerin auch das seelische Gleichgewicht im Blick zu haben und in der psychotherapeutischen Arbeit auch den Körper, den Leib in die Behandlung einzubeziehen, scheint in diesem Sinne konsequent und folgerichtig.

Dankbar für diese tief verwurzelte und verinnerlichte Erfahrung einer liebevoll ganzheitlichen Grundhaltung dem Menschen gegenüber, möchte ich Helmut Beck-Broichsitter (1914–2000), jenem wichtigen, väterlichen Lehrer meiner Kindheit und Jugendjahre, dieses Buch widmen.

1 Entwicklungslinien und Forschungsbemühungen auf dem Gebiet der pferdegestützten Psychotherapie

In der Psychotherapie mit dem Pferd lassen sich zwei historische Entwicklungslinien erkennen. Zum einen entstand die Animal-Assisted Therapy (AAT) mit Beginn in den 1960er Jahren im angloamerikanischen Raum, sie wurde später auch unter dem Begriff der tiergestützten Therapie in Deutschland bekannt. Zum anderen etablierte sich das Therapeutische Reiten, das sowohl im deutschsprachigen als auch im angloamerikanischen Raum eine längere Tradition seit den 1970er Jahren hat.

Carl Klüwer (1922–2014), Facharzt für Psychosomatische Medizin, Psychoanalytiker und langjähriges Mitglied unserer Arbeitsgruppe (Fachgruppe Arbeit mit dem Pferd in der Psychotherapie, FAPP), zählt zu den Initiatoren des Therapeutischen Reitens in der Bundesrepublik. Er erlebte, so berichtet seine Tochter in einem Vortrag zur Geschichte des Therapeutischen Reitens, »wie ein Pferd einem Kameraden das Leben rettete, als dieser im Schnee aufgab und zum Sterben zurückgelassen werden wollte. Durch das Pferd motiviert, an dem er sich festhalten konnte, war der Kamerad in der Lage, mit der Truppe zu ziehen und das Ziel mit den anderen zu erreichen« (B. Klüwer, 2019, S. 16–24). Traumatisierte Piloten, die nach einem Kampfeinsatz depersonalisiert zitterten, so Barbara Klüwer weiter, ließ der Stabsarzt eine Stunde reiten. Dadurch kamen sie wieder zu sich und konnten schlafen. Als Arzt und Psychoanalytiker war es Carl Klüwer wichtig, die heilsame Wirkung der Pferde später auch in seiner psychotherapeutischen Praxis zu nutzen. Er war einer der Pioniere in der Theoriebildung zur Psychotherapie mit dem Medium Pferd.

Von 1991 bis 1995 wurden im Rahmen eines stationären Settings im Bezirkskrankenhaus Haar bei München zum Therapeutischen Reiten als ergänzende Behandlung bei chronisch schizophrenen Patienten vier experimentelle Studien durchgeführt. Kurz zusammengefasst, konnten in der Gruppe der reitenden Patienten folgende statistisch signifikante Ergebnisse im Vergleich zu einer Kontrollgruppe gefunden werden: Verbesserung des gesamten psychopathologischen Befundes (gemessen mit der Brief Psychiatry Rating Scale, BPRS), Verbesserung der Alogie und der Aufmerksamkeit (gemessen mit der Scale for the Assessment of Negative Symptoms – SANS – zur Beurteilung der Minussymptomatik), tendenzielle Verbesserung der Selbstständigkeit (gemessen an der späteren Wohnsituation) und Verbesserung der subjektiven Befindlichkeit (im Anschluss an die Therapieeinheit, gemessen mit der Befindlichkeitsskala Bf-S nach von Zerssen bzw. revidiert Bf-SR [von Zerssen u. Petermann, 2011]; Scheidhacker, Bender u. Vaitl, 1991).

Eine der ersten Einrichtungen, in der Pferde im Rahmen psychotherapeutischer Interventionen zum Einsatz kamen, war das Theorie-Praxis-Projekt »Pädagogisch-therapeutische Arbeit mit Kindern, Jugendlichen und Erwachsenen« der Freien Universität Berlin (1985 bis 2005, Leitung: Siegfried Schubenz), das sogenannte »Pferdeprojekt«, dessen Vorläuferprojekte bis in die 1960er Jahre zurückreichen. Hier stand einer großen Gruppe forschungsinteressierter Psychotherapeutinnen eine stabile, im Offenstall lebende Pferdeherde, bestehend aus vorrangig selbst gezogenen Pferden arabischer Zuchtlinien, zur Verfügung. Es wurden Kinder und Jugendliche in Kooperation mit den Jugendämtern, aber auch erwachsene (Sucht-) Patienten und Menschen mit autistischen Störungen behandelt. Zahlreiche unveröffentlichte Dissertationen und Diplomarbeiten zur Arbeit mit dem Pferd als Medium in der Psychotherapie gingen aus dem Psychologischen Institut der FU Berlin hervor.

In den Jahren 2001 bis 2006 wurde eine Langzeitevaluationsstudie durch »quer« (Institut für Qualität in Erziehungshilfen) und das Forschungsinstitut der Stiftung »Die gute Hand« zur Überprüfung der Wirksamkeit von heilpädagogischem Voltigieren/Reiten bei autistischen Kindern durchgeführt. Es konnten signifikant positive Ergebnisse in allen relevanten Verhaltens- und Entwicklungsbereichen belegt werden.

Ebenfalls 2001 entstand aus der Idee, mit Pferden arbeitende

Vertreterinnen verschiedenster psychotherapeutischer Richtungen zusammenzubringen, die Fachgruppe Arbeit mit dem Pferd in der Psychotherapie (FAPP). Die Tagungen dieser Fachgruppe sind von den verschiedenen Ärzte- und Psychotherapeutenkammern als Fortbildungsveranstaltungen anerkannt und zertifiziert. Wesentliches Anliegen der Arbeitsgruppe ist eine theoretische Fundierung und Qualitätssicherung der Psychotherapie mit dem Pferd durch regelmäßige Intervision, sowohl in den regionalen Untergruppen als auch in der Gesamtgruppe. Intervision und Fallbesprechungen fokussieren jeweils zuvor festgelegte thematische Schwerpunkte. In regelmäßigem Wechsel werden an den Praxisorten Erfahrungen in der praktischen Arbeit mit den Pferden ausgetauscht.

Als Gründungsmitglieder dieser Gruppe erlebten wir, wie sehr das Einbeziehen der Pferde in unsere psychotherapeutische Arbeit durch die ganz persönliche Beziehung zwischen den Therapeutinnen und ihren Pferden sowie die jeweilige therapeutische Ausrichtung und Haltung bestimmt wird. Es erschienen zwei Beitragssammlungen – 2005 (2009 ins Englische übersetzt) und 2018 –, die einen Einblick in die besonderen Möglichkeiten der methodenintegrierenden Entwicklung der Psychotherapie mit dem Pferd geben und deren Beschreibung nach wie vor ein Stück Pionierarbeit unserer Fachgruppe ausmacht (Fachgruppe Arbeit mit dem Pferd in der Psychotherapie [FAPP]/Deutsches Kuratorium für Therapeutisches Reiten e. V. [DKThR], 2005, 2018). Wir entwickelten darüber hinaus ein Curriculum zu einer psychodynamisch ausgerichteten, berufsbegleitenden *Fortbildung für approbierte Psychotherapeutinnen,* die mit einem hochkarätigen Referentinnenteam (Mitglieder der FAPP und des ehemaligen Pferdeprojekts der FU Berlin) als Kooperationsprojekt mit dem DKThR im Februar 2020 begann.

In den letzten Jahren wurden Pferde sehr erfolgreich in der Traumatherapie und Traumapädagogik eingesetzt. Ein diesbezüglich aktueller Fachartikel (Romanczuk-Seiferth u. Schwitzer, 2019) basiert auf einer umfangreichen Recherche zu Studien vor allem im englischsprachigen Raum. Die Autorinnen beschreiben insbesondere die Relevanz pferdegestützter Behandlungsansätze für einsatzerfahrene Soldatinnen bzw. Veteranen im Zusammenhang mit Traumafolgestörungen und Posttraumatischem Belastungssyndrom (PTBS). »Erste Studien und Erfahrungsberichte von Soldatinnen weisen auf das Potenzial pferdegestützter Interventionen in der Behandlung therapierefraktärer Traumafolgestörungen hin. Dabei fällt besonders auf, dass unter Einsatz verschiedener pferdegestützter Behandlungsmethoden die Teilnehmerinnen auch nach kurzen Behandlungszeiten (z. B. drei Wochen) von den Programmen profitierten« (Romanczuk-Seiferth u. Schwitzer, 2019, S. 151). Darüber hinaus berichten die Autorinnen, dass sich bei Frauen, die interpersonelle Gewalt erfahren haben, nach einem achtwöchigen pferdegestützten Therapieprogramm eine deutliche Verbesserung zeigte, vor allem in der Selbstwirksamkeit, der depressiven Symptomatik und im allgemeinen Funktionsniveau.

Der 2019 mehrfach preisgekrönte Dokumentarfilm »Stiller Kamerad« (Regie: Leonhard Hollmann), in dem die pferdegestützte, systemisch ausgerichtete Therapie dreier Soldaten und einer Sanitätssoldatin über einen Zeitraum von etwa zwei Jahren begleitet wurde, brachte nicht nur das Thema einsatzbedingter Traumatisierungen von Bundeswehrsoldaten in die Öffentlichkeit. Filmvorführungen mit Podiumsdiskussionen trugen außerdem dazu bei, dass Betroffenen diese effiziente, nicht ausschließlich sprachgebundene Behandlungsmöglichkeit nahegebracht werden konnte.

Ein früheres, sehr berührendes Filmprojekt wurde durch die Fernsehsender Arte und Hessischer Rundfunk realisiert, in dem die Arbeit des Teams um Roswitha Zink in Wien/Otto-Wagner-Spital, Verein e.motion dokumentiert ist (»Die heilende Sprache der Pferde«, Dokumentation, 2011, Regie: Dorothee Kaden). Im Zentrum stand hier die Beforschung der analogen Kommunikation[3] zwischen Mensch und Pferd. Das Team arbeitete nach Konzepten der psychoanalytischen Pädagogik mit verschiedenen Zielgruppen, zum Beispiel Wachkomapatienten, Patienten mit Schädel-Hirn-Trauma,

---

3   Paul Watzlawick (2016) unterscheidet digitale und analoge Kommunikation und bezeichnet die verbale auch als digitale Kommunikation, die der Sprache oder Schriftzeichen bedarf. Nonverbale Kommunikation hingegen findet ohne Verschlüsselungsprozess statt – also analog. In der analogen Kommunikation werden (zusätzlich zur Information) Bezogenheit und emotionale Aspekte ausgedrückt. Einem Tier – hier Pferd – und Kleinkindern vor dem Spracherwerb ist somit die analoge Kommunikation gemeinsam.

autistischen Kindern, und wird nach wie vor von Thomas Stephenson, Sigmund Freud PrivatUniversität Wien, begleitet.

Dieser Überblick zu wesentlichen Entwicklungen und zur Studienlage auf dem Gebiet der pferdegestützten Psychotherapie im deutschsprachigen Raum erhebt keinen Anspruch auf Vollständigkeit. Zukünftige Weiterentwicklungen sind mit Spannung zu erwarten; so ist das DKThR, größter bundesdeutscher Dachverband für alle Sparten des Therapeutischen Reitens, in seinem Jubiläumsjahr 2020 bestrebt, die Arbeit mit dem Pferd in der Psychotherapie mitzuvertreten, zu fördern und als eigenen Arbeitskreis zu etablieren. Ab Herbst 2020 wird die Psychotherapie als Studienfach in die universitäre Direktausbildung aufgenommen. Möglicherweise wird dies zu einer Verfahrenspluralität führen, in der auch tier- und pferdegestützte Behandlungsvarianten hinsichtlich ihrer Wirksamkeit weiter und intensiver erforscht werden.

2 Das Studienvorhaben – Forschen »mit Seele«

»Mir will es manchmal so vorkommen, als frage man, ob für das Erreichen eines Ziels Boot oder Fahrrad praktischer sei, und ignoriere dabei die Beschaffenheit der Wege, die man einschlagen will« (Buchholz, 2009). Mit diesem Satz begann Michael B. Buchholz (IPU Berlin) seinen Vortrag über qualitative und quantitative Methoden in der Psychotherapieforschung im Rahmen der 51. Lindauer Psychotherapiewochen.

Wir Psychotherapeutinnen, die Pferde in ihre Arbeit einbeziehen, öffnen und erweitern das therapeutische Setting. Wir verlassen gemeinsam mit den Patientinnen unser Praxiszimmer und begeben uns an einen realen Ort außerhalb, immer noch geschützt, immer noch im Feld der therapeutischen Beziehung. In der Triade Therapeutin–Pferd–Patientin entsteht ein neuer Erfahrungsraum, in dem sich Verstehen und Erkenntnisgewinn in körperlichem, emotionalem und handelndem Erleben ereignen – eine Art Übergangsraum zwischen Praxis und Außenwelt.

Mit den in Einzelfallschilderungen dargelegten, positiven und heilsamen Wirkungen der Einbeziehung von Pferden in psychotherapeutische Behandlungen seelisch verletzter Kinder und Erwachsener stoßen wir an Erklärungsgrenzen. Handelt es sich auf der Seite der Pferde um emotionale Intelligenz, um Empathie, Gefühlsansteckung oder Resonanzphänomene, die u. a. durch Spiegelneuronen erklärbar wären?

Physiologische Veränderungen, wie etwa des Cortisol-Spiegels, der Oxytocin-Ausschüttung oder sich synchronisierende Herzfrequenzen von aufeinander bezogenen Menschen und Pferden sind messbar. Veränderungen von Verhalten und Befindlichkeit sind durch analysierende Beobachtungsinstrumente und Selbsteinschätzungsskalen quantifizierbar. Ob sich aus der Beantwortung von

Fragebögen und standardisierten Testverfahren jedoch Rückschlüsse auf seelische Innenwelten ableiten lassen oder ob diese Antworten eher für die Forschungsthematik als geeignet ausgewählte Oberflächenaussagen abbilden, sei dahingestellt. Quantitative Forschung ist zugunsten der Vergleichbarkeit stets auf Operationalisierbarkeit und damit auf Reduktion angewiesen. So gewonnene Erkenntnisse bilden allenfalls linear zu beschreibende Teilaspekte, kaum aber dynamische, mehrdimensionale, komplexe Wechselwirkungen, wie sie unserem Thema zugrunde liegen, ab.

Das Motto des Psychoneuroimmunologie-Kongresses in Innsbruck 2018 lautete: »Das Unsichtbare hinter dem Sichtbaren«; die Initiatoren schrieben: »Mit diesem Tagungsmotto möchten wir dazu aufrufen, hinter den Vorhang des Sichtbaren auf jene Bühne des gelebten Lebens zu blicken, von der wir überzeugt sind, dass ihre Untersuchung unsere Erkenntnis über Gesundheit und Krankheit in Zukunft bereichern, ja erneuern wird: Unbewusstes, Sinn, Bedeutung und Symbol sind wie die Träume und das Subjektive alles Begriffe und Konstrukte, die dem Maschinenparadigma der Biomedizin entsprechend als unwissenschaftlich gelten. Das Unsichtbare hinter dem Sichtbaren lässt sich aber sehr wohl mit geeigneten Methoden wissenschaftlich untersuchen und verrät dann weitaus mehr über komplexes Menschsein als der ausschließliche Gebrauch von objektiven Messdaten und standardisierten Messinstrumenten, fruchtlos vereint im Goldstandard der biomedizinischen Forschung, der randomisierten kontrollierten Studie« (Flyer Psychoneuroimmunologie-Kongress Innsbruck, 2018).

Für die detaillierte Beschreibung und Analyse subjektiver Phänomene und komplexer psychischer und psychotherapeutischer Prozesse erscheinen qualitative Methoden eindeutig geeigneter. Sie sind bezüglich der Ergebnisse wesentlich offener, verzichten auf den Beweis zuvor festgelegter Hypothesen und Theorien, zielen auf die Entdeckung unter Umständen neuer, unerwarteter Zusammenhänge.

Ralf T. Vogel (2012, S. 78), Gründungsmitglied des Internationalen Netzwerks für Forschung und Entwicklung in der Analytischen Psychologie (INFAP3), hält fest: »Auch moderne empirische Studien weisen übrigens immer wieder auf schwer erklärbare und theoretisch nicht zu fassende Phänomene im Umfeld psychoanalytischen

Handelns hin. […] Beispielhaft seien die aus der Jungianischen Theoriewelt stammenden Konzepte von Induktion, ›psychischer Ansteckung‹ oder ›participation mystique‹, genannt, die heute oft unter den Begriff der projektiven Identifizierung gefasst werden und wohl eher im Phänomenologischen als im kausal Erklärenden anzusiedeln sind.«

Das Entstehen konkreter Übertragungs- und Gegenübertragungsphänomene, intersubjektive Resonanz oder das intuitive Erspüren emotionaler Zustände und psychodynamischer (Sinn-)Zusammenhänge entzieht sich messbarer Operationalisierbarkeit. In dem von uns entwickelten Studienkonzept sahen wir uns hinsichtlich des methodischen Vorgehens der Tiefendimension leib-seelischer Erfahrungen verpflichtet; schließlich handelt es sich bei der psychotherapeutischen Arbeit mit dem Pferd um ein hoch komplexes, weitgehend nonverbal-interaktionelles Geschehen.

Im Fokus stand das ganz persönliche, *subjektive Erleben* der Anwesenheit von Pferden in psychotherapeutischen Prozessen. Wir wollten versuchen, ihre Resonanz, ihre Art der Beziehungsaufnahme, Auswirkungen auf den Therapieprozess etc. sowohl aus Sicht der Patientinnen als auch aus der Sicht der Psychotherapeutinnen zu erfassen. Gespräche in Form semistrukturierter Interviews mit beiden Therapiepartnern vor Ort, in der vertrauten Umgebung der Praxisräume, erschienen hierzu am ehesten geeignet. Eine mögliche *Vertiefung* erhofften wir uns aus den Träumen, Imaginationen und inneren Bildern, also *Ausdrucksweisen des Unbewussten* –, sofern die Patientinnen sich solche Mitteilungen vorstellen konnten.

Einen Gedanken von Verena Kast (2006, S. 37), international renommierte, Jung'sche Analytikerin, fand ich sehr ermutigend für unser Vorhaben: »Eine psychotherapeutische Richtung, die von der Seele spricht, kann geheimnisvolle, letztlich unfassbare Zusammenhänge doch nicht ganz operationalisieren, sich der Einheitswissenschaft nicht ganz unterziehen. Auch wir wollen eine hoch qualifizierte Psychotherapie, die durchaus beforscht werden kann – aber mit Seele.«

2.1 Wie die Nadel(n) im Heuhaufen – Zur Stichprobe und der Suche nach Interviewpartnern

Im Vorfeld der Konzeption unserer Studie unternahm ich im Juni 2018 eine Internetrecherche zu Anbietern pferdegestützter Psychotherapie mit den Stichworten »Psychotherapie und Pferd«, »pferdegestützte Psychotherapie« und »psychotherapeutisches Reiten«. Ich stellte fest, dass die Anzahl approbierter Psychotherapeuten, welche – auch – mit dem Pferd in einem der Richtlinienverfahren arbeiteten, mit etwa 10 Prozent (neun von 93) recht gering war gegenüber einer großen Anzahl von »Reittherapeuten« mit sehr heterogenen hippologischen wie therapeutischen Qualifikationen. Fünf der approbierten Psychotherapeutinnen arbeiteten verhaltenstherapeutisch, vier tiefenpsychologisch.

Wir bemühten uns, die tiefenpsychologisch bzw. analytisch *und* pferdegestützt arbeitenden Kolleginnen mit einem Anschreiben für eine Teilnahme an unserer Studie zu gewinnen. Erfreulicherweise begrüßten zwei von ihnen (Ilka Parent und Angelika Rückl-Kast) unsere Initiative und erbaten einen vorherigen Besuch und gegenseitiges Kennenlernen. Ein nächster Schritt bestand nun darin, ehemalige Patienten und Patientinnen – beabsichtigt war die Befragung nach möglichst abgeschlossenen Therapien – zu kontaktieren und deren Bereitschaft zur Teilnahme zu erfragen. Das gleiche Prozedere betraf die teilnahmebereiten Kolleginnen aus unserer Arbeitsgruppe (neben Marika Weiger waren dies Barbara von Morgen und Anne-Kristin Siemering), die mit uns zwar persönlich vertraut waren, die Zumutbarkeit einer solchen Anfrage an ihre Patientinnen jedoch ebenfalls zu prüfen hatten. Kriterien zur Auswahl der Patientinnen waren aktuelle Stabilität, nebenbei auch die Erreichbarkeit, soweit das Therapieende länger zurücklag, nicht etwa ursprüngliche Diagnosen und Krankheitsbilder. Der Pool infrage kommender Psychotherapeutinnen war also nicht groß; die Anzahl von fünf teilnahmebereiten, ambulant und tiefenpsychologisch fundiert arbeitenden Kolleginnen – drei aus der FAPP und zwei über das Internet gewonnene Psychotherapeutinnen – erlaubte jedoch, hinsichtlich der Datenerhebung im Rahmen einer Pilotstudie zuversichtlich zu sein.

Einen Sonderstatus nahm eine als Traumapädagogin hoch qualifizierte, in leitender Position einer Jugendhilfeeinrichtung mit Pferden arbeitende Kollegin (Susanne Tarabochia) ein. Nach einem ausführlichen Vorgespräch wollten wir sie und mit ihr das noch junge, um hohe professionelle Standards bemühte Gebiet der Traumapädagogik[4] gern einbeziehen, zumal Susanne Tarabochia sehr eng mit den Psychotherapeuten der von ihr betreuten Kinder und Jugendlichen zusammenarbeitete.

15 Patientinnen und ein Patient im Alter zwischen 13 und 58 Jahren erklärten sich zur Teilnahme bereit. Sie erhielten Einladungen und Anmeldeformulare mit grundsätzlichen Informationen zu unserer Studie, die notwendigen Schweigepflichtentbindungen sowie die Zusicherung zur Anonymisierung aller Daten und Angaben. Die Patientinnen litten zu Beginn ihrer Behandlung unter Traumafolgestörungen (10), zum Teil in Verbindung mit emotionalen Störungen des Kindesalters, Angsterkrankungen (3), Anorexie (1), Zwangserkrankung (1) und depressiver Erkrankung (1). Ihre Therapien waren weitgehend beendet – zwei von ihnen befanden sich in der Schlussphase mit sehr großen Abständen zwischen den Therapiestunden.

Die Interviewreisen führten mich im Frühjahr und Sommer 2019 von Bayern nach Berlin, ins nördliche Baden-Württemberg, in die Nähe der französischen Grenze (Rheinland-Pfalz) und schließlich in die Lüneburger Heide. Viele der Gespräche waren sehr bewegend, neue Kontakte zu bisher noch nicht bekannten Kolleginnen ausgesprochen bereichernd; es schien, als würde die gemeinsame Freude an den Pferden jede Fremdheit überbrücken und einen großen Vertrauensvorsprung bewirken. Die Interviews fanden weitgehend in den allen Beteiligten vertrauten Praxisräumen der Therapeutinnen statt.

---

4 Vor dem Hintergrund oft unklarer Grenzen zwischen heilpädagogischer und psychotherapeutischer Arbeit mit Pferden befindet sich die Traumapädagogik gewissermaßen auf dieser Grenze und ist weitgehend an tiefenpsychologischen und psychodynamischen Konzepten orientiert. Sie gewinnt angesichts der zunehmenden Anzahl beziehungstraumatisierter Kinder und Jugendlicher stark an Bedeutung.

2.2 Sensibilisierende Konzepte statt festgelegter Hypothesen – Was erschien wichtig?

Bei der Beschäftigung mit den Prinzipien qualitativer Forschung stieß ich auf eine Vorlesung von Heiner Legewie (2016, S. 7 ff.): »Der qualitative Forscher entwickelt sowohl aus seinem persönlichen Wissen wie aus der Fachliteratur sogenannte sensibilisierende Konzepte, das heißt Konzepte, die ihn sensibel machen für das, wonach er suchen muss, worauf er achten, wonach er fragen muss. Sensibilisierende Konzepte unterscheiden sich durch ihre Offenheit von Hypothesen in quantitativen Untersuchungen, sie haben aber insofern eine ähnliche Funktion, als sie die Untersuchung strukturieren und die Aufmerksamkeit des Forschers auf das lenken, was wichtig ist.«

Was war mir – was war uns wichtig?

- Nach und mit jeweils über 25-jähriger Erfahrung in der Arbeit mit Pferden und dem Glück, über die fast identische Zeitspanne einen beständig reflektierenden, fachlichen Austausch mit den Kolleginnen unserer Arbeitsgruppe pflegen zu können, stand für uns zur Ergründung der Frage nach dem »Was wirkt?« *das subjektive Erleben beider Therapiepartner* im Zentrum.
- Entsprechend war für die Interviews wichtig, alle Gesprächspartnerinnen wertschätzend und einladend, in einer behutsamen und zugewandten Atmosphäre zum Mitteilen der persönlichen Wahrnehmungen, jenseits theoretischer Vorannahmen, zu ermutigen.
- Ein wesentliches Anliegen war, dem Geheimnisvollen und den nur schwer erklärbaren Resonanzphänomenen in der Beziehung zwischen Mensch und Pferd Raum zu geben, das heißt den inneren Bildern, Imaginationen und letztlich auch dem Unbewussten, soweit es in auf diesem Wege auftauchende Symbole einfließen würde.
- Sinnvoll erschien ein im Prozess veränderbares, dynamisches Vorgehen; es war zu erwarten, dass sich Fragestellungen und Themen mit jedem hinzukommenden Interview etwas verschieben, vielleicht auch verdichten würden. In diesem Sinne handelte es sich nach Legewie (2016, S. 9) um eine »rollende Planung«.

- Natürlich hofften und hoffen wir, mit dieser Arbeit die theoretische Fundierung pferdegestützter Psychotherapie weiter voranbringen zu können.

Die persönliche Subjektivität beeinflusst naturgemäß bereits während der Interviews die Äußerungen der Interviewpartner; der Glanz im Auge der Betrachterin bei bestimmten Antworten wird für andere inhaltliche Gewichtungen bei einem Gegenüber sorgen als ein vielleicht nur kurzes, zweifelndes Stirnrunzeln. Das geschriebene, in diesem Fall transkribierte Wort vermag die nonverbalen Mitteilungen der Kommunikation – Körperhaltungen, Klang und Tonfall der Stimme, Gesichtsausdruck etc. – nicht zu transportieren. Auch die Gesprächsatmosphäre kann sich nur vage übertragen. Ein Interviewtranskript, in diesem Kontext ohnehin bereits auf eine auszugsweise Auswahl konzentriert, ist somit per se nur ein Teil des Ganzen. Und doch hofften wir, dass sich in der Wiedergabe der Gespräche wesentliche Themen unmittelbarer und direkter vermitteln würden, als nachträglich beschriebene Therapieverläufe oder Datenerhebungen via Fragebogen es vermögen.

2.3 Die Fragestellungen

Die Gespräche mit den Therapeutinnen sollten folgende Themen enthalten[5]:
- äußere Situation/Ort der psychotherapeutischen Arbeit mit dem Pferd;
- psychotherapeutischer und hippologischer Hintergrund;
- Art der Integration der Pferde in die Arbeit mit den einzelnen Patientinnen;
- grundsätzliche Bedeutung der Pferde für die eigene psychotherapeutische Arbeit; therapeutische Haltung, Beziehungsgestaltung mit den Pferden;
- Indikation zum Einbeziehen der Pferde;
- Frage nach besonders eindrücklichen Situationen und Auswirkungen auf den Therapieverlauf.

---

5 Die Interviewleitbögen befinden sich im Anhang.

Die Gespräche mit den Patientinnen sollten folgende Themen enthalten:
- die Gründe zur Aufnahme der Therapie und zur Einbeziehung der Pferde;
- die eigene Befindlichkeit während der Arbeit in den Praxisräumen und mit den Pferden;
- die Art der Beziehung zu den Therapiepferden;
- der Einfluss der Einbeziehung der Pferde auf die Beziehung zur Therapeutin;
- besonders eindrückliche Situationen in der Arbeit mit den Pferden, Auswirkungen auf den Therapieprozess und das reale Leben.

Die Frage nach Träumen mit darin vorkommenden Pferden wurde von zwei Patientinnen positiv beantwortet; 13 der 16 befragten Patientinnen waren bereit, sich im Anschluss an das Interview auf eine *Imagination* zum Thema »Begegnung mit einem Pferd bzw. dem Therapiepferd« einzulassen. Die Erzählungen zu diesen inneren Bildern wurden ebenso wie die Interviews aufgenommen und transkribiert.

Vor dem Hintergrund der sehr unterschiedlichen Vorerfahrungen der Patientinnen und der ebenso unterschiedlichen Arbeitskonzepte der Therapeutinnen gestalteten sich die Gespräche immer ein wenig anders. In allen Fällen waren sie sehr offen und lebendig. Viele der Beteiligten betonten den Wunsch und die Hoffnung, mit ihrem persönlichen Beitrag diesem besonderen psychotherapeutischen Zugang zur Weiterverbreitung zu verhelfen.

2.4 Hermeneutisches Verstehen – die Methode der »Grounded Theory«

Die oft sehr berührenden Gespräche gewährten uns Einblick in hochkomplexe innere wie äußere Wirklichkeiten. Daher bedurfte es für das tiefenhermeneutische Verstehen der Gesprächsinhalte eines förderlichen, Ordnung und Sinn stiftenden Instrumentes.

Die Grounded Theory (Glaser u. Strauss, 1967) als Verfahren der qualitativen Datenanalyse stellt eine differenzierte und detaillierte, quasi mikroskopische Untersuchung und Interpretation ursprünglich sozialwissenschaftlicher Phänomene dar. In unserem Fall diente sie der Untersuchung wirksamkeitsrelevanter Phänomene einer psychotherapeutischen Behandlungsvariante. Die Datenerhebung geschieht unter Zuhilfenahme der bereits erwähnten theoretischen Sensibilität, das heißt dem Vorwissen der Forscherin zum untersuchten Gegenstand. So ist die Grounded Theory als eine spezifische Möglichkeit hermeneutischen Verstehens und Interpretierens auf der Grundlage eines reflektierten Vorverständnisses zu sehen. Diese Methode der Auswertung optimiert sich durch Wiederholungszirkel der Deutungsbemühung. Durch einen mehrstufigen Kodierprozess werden aus dem Datenmaterial Hypothesen entwickelt und zu essenziellen Kernthemen verdichtet. Für die vorliegende Fragestellung nach dem subjektiven Erleben der Wirksamkeit pferdegestützter, tiefenpsychologisch fundierter und analytischer Psychotherapie schien also eine Auswertung *in Anlehnung* an die Grounded Theory besonders gut geeignet.

Mit dem enormen Reichtum der aufgezeichneten Gespräche, Träume und Imaginationen (ca. 15 Stunden Audioaufnahmen!) schien es, als hielte ich sowohl einen Schatz als auch – ohne universitäre Anbindung, Forschungsteam und angemessene Infrastruktur im Hintergrund – eine kaum zu bewältigende, schier uferlose Flut von Material in Händen.

Nach den letzten Interviews im Juli 2019 zeichnete sich ein vorläufiges Modell möglicher Wirksamkeitszusammenhänge zwischen den Aussagen der Psychotherapeutinnen und jenen ihrer Patientinnen ab. Mit einer ersten Systematisierung (Abbildung 1) versuchte ich, ein wenig Struktur in die Fülle des Datenmaterials zu bringen, indem ich aus Therapeutinnensicht beschriebene Annahmen und Vorstellungen den Wahrnehmungen der Patientinnen zuordnete.

Der nächste, wesentliche Schritt war nach der professionellen Transkription der Interviews die Einarbeitung in ein auf die Grounded Theory abgestimmtes Softwareanalyseprogramm (F4-Analyse). Damit konnten im Sinne einer ersten, offenen Kodierung die Texte in ihre Sinneinheiten gegliedert werden, um sie tiefergehend zu betrachten und ihnen Fragen oder Anmerkungen zuzuordnen. Bedeutsame Phänomene wurden mit Oberbegriffen –

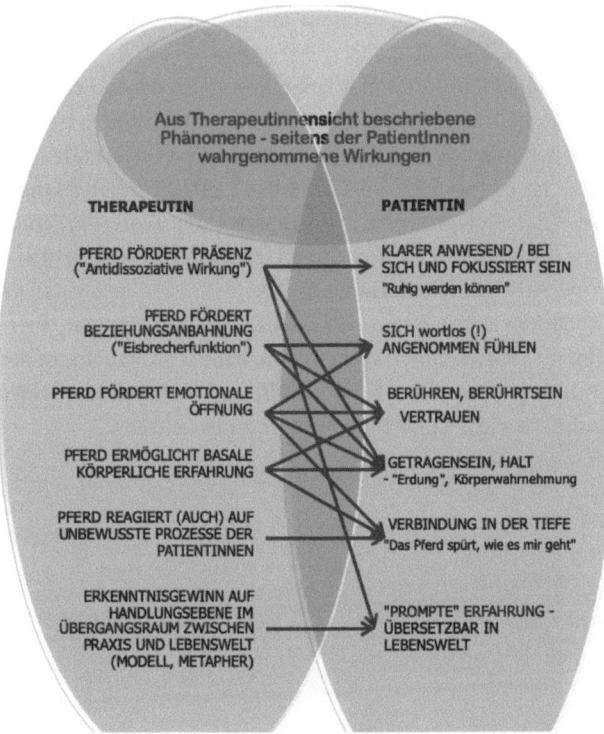

Abbildung 1: Ausgangsmodell (nach Abschluss der Interviews, vor Beginn des Auswertungsprozesses)

sogenannten Codes – versehen, welche dann zu Codefamilien gruppiert wurden. Einfälle und Hypothesen konnten in Memos, das heißt eigenen Kommentaren, festgehalten werden. Eine erste Analyse ergab bereits ein breit gefächertes Spektrum an thematischen Kategorien.

Besonders aufschlussreich erscheinende Kategorien wurden im Sinne des axialen Kodierens spezifiziert und Querbezüge unter diesen hergestellt. Als Ergebnis dieser konzeptuellen Verdichtung entstanden Schlüsselkategorien bzw. Kernthemen, denen nochmals alle untergeordneten Kategorien und Themen zugeordnet wurden. Schließlich entstand ein differenziertes und dichtes System von Beziehungen zwischen den Kategorien, das sogenannte Kategorienmodell bzw. Codesystem mit den im Zentrum stehenden Kernthemen.

Das Softwareprogramm erlaubt, in verschiedenen Fensteransichten alle Kodierungen eines Interviews oder alle zu einem bestimmten Code oder Subcode zugehörigen Textstellen separiert anzuschauen. Ebenso ist es möglich, zu einzelnen Codes Vergleichsansichten zweier Interviewgruppen, zum Beispiel der Texte der Therapeutinnen und jener der Patientinnen, zu betrachten, kurzum – eine enorme Arbeitserleichterung.

Nachdem es von Beginn an essenziell bedeutsam war, Therapeutinnen *und* Patientinnen zu befragen, habe ich versucht, in der späteren Interpretation der Kernthemen und wirksam erscheinenden Phänomene diese Doppelperspektive zu bewahren.

3 Grundsätzliche Wirkfaktoren in der Psychotherapie und ihre Übertragbarkeit

Klaus Grawe (2005, S. 4–11), einer der meist zitierten Psychotherapieforscher, leitete eine Reihe allgemeiner psychotherapeutischer Wirkfaktoren aus einzelnen methodischen Vorgehensweisen ab, wie sie in empirischen Wirksamkeitsuntersuchungen und Prozess-Outcome-Studien festgestellt wurden. Für diejenigen Verfahren, die eine besonders gute Wirkung erzielten, erkannte er eine Reihe gemeinsamer Merkmale:
- Sie nutzen Fähigkeiten und vorhandene motivationale Bereitschaften, die die Patienten in die Therapie mitbringen, als positive Ressourcen (Wirkfaktor Ressourcenaktivierung).
- Sie machen Konflikte und Probleme, die in der Therapie verändert werden sollen, unmittelbar erfahrbar (Wirkfaktor Problemaktualisierung).
- Sie unterstützen die Patienten darin, positive Bewältigungserfahrungen im Umgang mit ihren Problemen zu machen (Wirkfaktor Problembewältigung).
- Sie ermöglichen, dass die Patienten ein klareres Bewusstsein der Determinanten ihres Erlebens und ihrer Motivationen gewinnen (Wirkfaktor motivationale Klärung).
- Bei allen Therapiemethoden und -schulen trägt in erster Linie die Qualität der therapeutischen Beziehung signifikant zu einem besseren oder schlechteren Therapieergebnis bei.

Der Einfluss dieser generellen Wirkfaktoren wird störungs- und methodenübergreifend, also unabhängig sowohl von Krankheitsbildern als auch von psychotherapeutischen Schulen, als gesichert betrachtet. Grawe favorisierte die kognitiv-behaviorale Verhaltenstherapie; dennoch sind die oben genannten Wirkprinzipien meines Erachtens durchaus auch für die tiefenpsychologisch fundierte

Psychotherapie mit dem Pferd relevant. Ein Beispiel aus der eigenen Praxis:

Frau L. kommt offensichtlich müde und erschöpft in ihre Therapiestunde. Sie befindet sich im letzten Teil einer berufsbegleitenden Fortbildung, die sie als alleinerziehende Mutter in einer zwei Fahrstunden von ihrem Wohnsitz entfernten Stadt absolviert. Sie spricht an, dass sie dazu neigt, sich immer wieder zu überfordern – es ist der Montag nach einem über das ganze Wochenende verlaufenen Ausbildungsmodul.

Auf meine Frage, ob sie Ideen dazu habe, wo sie ihre Belastungsgrenzen zu sehr strapaziert habe und wann sie sich vielleicht ein wenig Erholung hätte gönnen können, hat sie mehrere Antworten. In der Ausbildungsgruppe habe sie sich zu Aufgaben gemeldet, die sie nicht zwingend hätte übernehmen müssen. Auf dem Rückweg mit dem Auto habe sie noch ihre Kinder angerufen, um ihre Rückkehr anzukündigen und ihnen durch das Telefongespräch die lange Abwesenheit zu verkürzen – dabei habe sie sich über diverse Dinge nur ärgern müssen und besser gar nicht angerufen. Und sie sei viel zu wenig in der Natur, gehe viel zu selten in den Wald, nach draußen, obwohl sie ja wisse, wie sehr ihr das gut tue.

Ich frage Frau L., die mit Pferden nicht unerfahren ist, ob sie mit mir hinaus, zu meinen Pferden gehen mag – und sie ist plötzlich wach und begeistert. Wir begegnen ihnen zunächst – es ist ein erster Kontakt – vom Garten aus mit dem Paddockzaun zwischen uns. Ich bitte die Patientin, beide Pferde wahrzunehmen und zu schauen, mit welchem der beiden sie sich näher beschäftigen möchte. Der jüngere Wallach geht neugierig und freundlich, fast schon etwas aufdringlich zu ihr an den Zaun und hebt ein Vorderbein in die Luft – ein Verhalten, das er gern zeigt, wenn er ungeduldig ist. Frau L. fragt, warum er das macht, und ich gebe ihr die Frage zurück. »Vielleicht tut ihm etwas weh, aber so sieht er nicht aus. Vielleicht hat er auch Kunststücke gelernt, und möchte jetzt zeigen, was er kann.« Ich wunderte mich über diese Antwort, ließ sie aber zunächst unkommentiert so stehen. Frau L. möchte nun auch nicht ihn, sondern die sanft und deutlich zurückhaltender auf sie wirkende Stute »kennenlernen«. Zur Sicherheit von Frau L. trenne ich die beiden Pferde mit einem Zaunband voneinander.

Nach kurzer Kontaktaufnahme mit der Stute unternimmt Frau L. sehr unvermittelt den Versuch, das Pferd dazu zu veranlassen, hinter ihr herzugehen – was nicht gelingt[6]. Dann massiert sie der Stute mit beiden Händen kräftig den Rücken im Bereich der Sattellage, was das Pferd sichtlich genießt. Die Stute dehnt ihren Hals immer weiter nach oben und ihre Oberlippe verlängert sich genussvoll nach vorne. Es vergeht jedoch wiederum nur eine kurze Zeit, und Frau L. versucht erneut, das Pferd dazu zu bewegen, hinter ihr herzugehen; aber auch diesmal bleibt die Stute wie angewurzelt stehen und wendet den Blick in Richtung Wallach. »Zum Kraulen bin ich wohl gut genug!«, meint die Patientin enttäuscht und wohl auch etwas ärgerlich. Wir halten kurz inne, um zu besprechen, was gerade passiert ist.

Ich frage Frau L., ob sie sich erinnern könne, wie sie die Geste des Wallachs wenige Minuten zuvor interpretiert habe. – »Sie meinen, das mit dem Bein und dem Kunststück?« – »Ja«, antwortete ich. – »Und was meinen Sie, wie sind Sie gerade der Stute begegnet?« Etwas verlegen antwortet Frau L., dass sie selbst mir wohl auch »zeigen wollte, was sie kann«. Sie kann nachvollziehen, dass sie ein gegenseitiges, erstes Kennenlernen und wirkliches Begegnen mit dem Pferd *übersprungen hat*. Etwas aktionistisch wie vielleicht auch in ihrer Ausbildungsgruppe – war sie ins Machen, etwas Beweisen, eben »Kunststücke zeigen« geraten, statt ganz in Ruhe vielleicht gar nichts zu tun und nur anwesend zu sein.

»Aber zum Kraulen bin ich ja gut genug!«, sagt sie ein weiteres Mal, und assoziiert dazu ihre pubertierende, gerade hohe Ansprüche stellende und zugleich für alle mütterlichen Dienstleistungen wenig dankbare Tochter – das enttäuschende Telefongespräch während der Rückfahrt am Vortag fällt ihr ein. Mit diesen Gedanken schenkt sie der Stute noch ein weiteres Kraulen und sich selbst ein stilles Verweilen in der Nähe des Pferdes, bevor wir uns verabschieden.

So kurz diese Sequenz bei den Pferden war, kamen in Frau L., wie unter einem Brennglas, einige ihrer momentan wesentlichen Themen zum Vorschein und wurden in den nachfolgenden Stunden einer therapeutischen Bearbeitung zugänglich. Wir konnten über die kraftraubende Anstrengung sprechen, die mit einem zeitweise

---

6   Ein *nicht* entsprechend trainiertes oder konditioniertes Pferd dazu zu bewegen, ohne Führstrick und ohne Leckerbissen zu folgen (hinter dem Menschen herzugehen), bedeutet, von diesem Pferd eine klare *Leitposition* zugestanden zu bekommen.

überhöhten Leistungsanspruch an sich selbst – Kunststücke zeigen – verbunden ist. Wie sehr die Stute das Kraulen genossen und dies auch deutlich gezeigt hatte, hatte Frau L. kaum wahrnehmen können. In der Reflexion ihrer Erfahrungen mit dem Pferd konnte Frau L. schließlich einräumen, dass das, was sie als Mutter und auch in ihrem Beruf zu bieten hat, wertvoll und *gut genug* ist und dass sie auch sich selbst erlauben darf, gut für sich zu sorgen.

Ich habe dieses Beispiel gewählt, um die von Grawe herausgearbeiteten allgemeinen Wirkprinzipien in der Psychotherapie zu veranschaulichen:

- Deklarierte *Ressourcen* der Patientin (Liebe zu den Pferden, Krafttanken in der Natur) wurden genutzt.
- Momentane, inter- und intrapersonale Konflikte waren unmittelbar aktualisiert (Problemaktualisierung).
- Alte und neue Bewältigungsmöglichkeiten wurden deutlich (»Zeigen, was ich kann« versus »In Ruhe in der momentanen Situation anwesend sein und bei mir bleiben«).
- *Determinierende Motivationen,* und mögliche biografische Zusammenhänge, konnten später im Lauf der Therapie bearbeitet werden.
- Das unmittelbare gemeinsame Erleben des Pferdes und der Interaktionen mit dem Pferd stärkte die Zusammenarbeit von Patientin und Therapeutin und damit die therapeutische Beziehung.

Auf das sich im Einbeziehen der Pferde modellhaft verdichtende Geschehen im Übergangsraum zwischen Praxis und Lebenswelt werde ich später ausführlich zurückkommen.

4 Die Faktoren Bindung und Oxytocin

Studien zur Wirksamkeit tiergestützter, *pädagogischer Interventionen*, zum Beispiel von Julius, Beetz, Kotrschal, Turner und Unväs-Moberg (2014, S. 150 ff.), belegen positive Effekte, etwa ein gesteigertes Selbstwirksamkeitserleben, verbesserte soziale Kompetenzen und Bewältigungsfähigkeiten sowie ein verringertes physiologisches und emotionales Stresserleben. Hinter diesen Effekten werden verschiedene Wirkmechanismen vermutet und diskutiert. Neben der Biophilie-Hypothese, also der angeborenen Liebe des Menschen zum Leben und zum Lebendigen, ist es die Oxytocin-Hypothese, welche eng mit dem Bindungsverhalten bzw. der Bindungsorganisation von Kindern und Erwachsenen einhergeht.

An dieser Stelle möchte ich etwas ausführlicher die diesbezügliche Forschung von Julius, Beetz und Ragnarsson (2017, S. 143 f.), Universität Rostock, referieren, da sie meine eigenen Erfahrungen und die im Rahmen dieser Studie erfassten Aussagen von Therapeutinnen und Patientinnen aus neurobiologischer Sicht untermauern: »Die gemittelte prozentuale Verteilung der Bindungsmuster in repräsentativen deutschen Stichproben zeigt, dass etwa die Hälfte der Kinder sicher gebunden ist (44,9 %). Etwa ein Viertel der Kinder weist ein vermeidendes Bindungsmuster auf (27,7 %), 19,9 % der Kinder erhielten eine desorganisierte Klassifikation und 6,9 % wurden als unsicher-ambivalent eingestuft« (Julius, Beetz u. Ragnarsson, 2017, S. 143).

Die Autoren haben zahlreiche Studien zusammengetragen, die darauf hinweisen, dass das Oxytocin-System als neurobiologische Basis von Bindung eine zentrale Rolle spielt. Das Peptidhormon Oxytocin wird im Hypothalamus gebildet und hat sowohl die Funktion eines Neurotransmitters als auch die eines Hormons. Oxytocin ist also jenes zentrale Hormon, das auf der biologischen Ebene für emotionale Bindungen, Liebe und Vertrauen verantwortlich ist. Oxytocin ist vermutlich von hoher Bedeutung für die Erkennung und das Wahrnehmen von Gefühlen, und es wird bereits während frühester Phasen der Eltern-Kind-Interaktion aktiviert. Durch Berührung, Streicheln, die Wärme und den engen Körperkontakt wird sowohl beim Baby als auch bei der Mutter (oder dem Vater) Oxytocin freigesetzt, Angst und Stress werden reduziert, der Cortisol-Spiegel nimmt ab.

Vernachlässigende oder misshandelnde Eltern hingegen werden für ihr Kind zu einer nicht zu unterschätzenden Quelle von Angst und Stress, der Cortisol-Spiegel steigt. Häufige Bewältigungsstrategien sind dann das Vermeiden von Nähe, Bindung und Vertrauen, um wiederholter Enttäuschung zu entgehen. Bis hin zur Dissoziation als Überlebensstrategie werden diese Vermeidungsmuster in die Interaktion mit späteren Bezugspersonen, das heißt auch auf Psychotherapeutinnen, mehr oder weniger unbewusst übertragen.

In der Traumatherapie geht es um behutsame Versuche, sich nach vorausgehenden Stabilisierungsphasen solchen Beziehungserfahrungen und gegebenenfalls dissoziativ abgespaltenen Erlebnisinhalten zu nähern. Dass aber eine, für die Bearbeitung so hoch angstbesetzter Inhalte, unbedingt erforderliche, tragfähige therapeutische Beziehung entstehen kann, ist für Kinder, wie für erwachsene Patientinnen, mit einem solchen Regulationsmuster sehr erschwert. Henry Julius und sein Team stellen schließlich die Frage, ob die neurobiologische Regulation für beziehungstraumatisierte, desorganisiert gebundene Kinder in der Begegnung mit dem Pferd derart verändert werden könnte, dass der Oxytocin-Spiegel steigt und die Aktivität der Stressachsen sinkt. Konsequenterweise sollten betroffene Individuen dann offener für positive Bindungserfahrungen werden, da sich Vertrauen und Empathie erhöhen und die soziale Ängstlichkeit abnimmt. Die Autoren nehmen an, dass durch das Einbeziehen der Pferde eine solche neurobiologische Regulation den Aufbau sicherer Bindungen zwischen Kind und Psychotherapeutin zeitlich verkürzen und die Effizienz therapeutischer Interventionen deutlich erhöhen würde.

Offenbar wird nicht nur diskutiert, sondern auch erforscht, inwieweit die Verabreichung von Oxytocin als Nasenspray bei sozialen Störungen und psychischen Erkrankungen therapeutisch nützlich sein kann. »Das Hormon könnte die Symptome verschiedener psychischer Erkrankungen lindern und so Patienten mit autistischen Störungen, Borderline-Persönlichkeitsstörung oder Angststörung helfen«, erklärt René Hurlemann vom Universitätsklinikum Bonn im Vorfeld des 61. Kongresses für Endokrinologie im März 2018 in Bonn (Deutsche Gesellschaft für Endokrinologie, 2018).

Die Forschung zur Aktivierung des Oxytocin-Systems durch körperlichen und emotionalen Kontakt, vor allem aber auch den Bewegungsdialog[7] – die leib-seelische Synchronisation mit dem Pferd – steht noch sehr in den Anfängen. Vermutlich ist es aber für ein Kind wesentlich nachhaltiger, wirkliche Beziehung zu erleben, als Oxytocin pharmakologisch verabreicht zu bekommen (vgl. Abbildung 2).

Abbildung 2: Die Oxytocin-Hypothese

---

7 Der Begriff wurde von Carl Klüwer geprägt. Er beschreibt den Bewegungsdialog als das ureigenste Moment der Arbeit auf dem Pferd. Der Bewegungsdialog ist ein sehr frühes Element der Selbsterfahrung des Kindes. Analoge Kommunikationsanteile (Mimik, Gestik, Stimme und Berührungen) werden gefordert und gefördert. Im Schritt erreichen etwa hundert Bewegungsimpulse pro Minute den reitenden Menschen. Diese Impulse fordern adaptive und balancierende Reaktionen und die Mitschwingungsfähigkeit – wobei darunter nicht nur das körperliche, sondern auch das emotionale Mitschwingen verstanden wird (C. Klüwer, 1988).

»Dabei sieht es so aus, als wenn das Oxytocin-System und das Spiegelneuronensystem durch eine Rückkopplungsschleife miteinander verknüpft sind: Oxytocin erhöht die Aktivität der Spiegelneuronen, sodass der Grad der Synchronizität steigt. Synchronizität [im Sinne von Synchronisation, Anm. d. Verf.] wiederum begünstigt die Freisetzung von Oxytocin« (Julius et al., 2017, S. 149).

Alle Menschen, die mit Tieren verbunden leben (insbesondere mit Hunden oder Pferden), kennen Situationen, in denen sich Angst, erhöhte Erregung, Aggressionen vom Menschen auf Tiere übertragen, eine emotionale Ansteckung und Stressreaktionen auslösen. In Therapien beobachten wir interessanterweise das entgegengesetzte Muster, dass nämlich beispielsweise die vertrauensvoll ruhige Präsenz eines Pferdes die innere Anspannung und Angst in einem Menschen zu beruhigen vermag. Hierzu ein weiteres Beispiel aus der eigenen Praxis:

Sarah, eine junge Borderline-Patientin, kam nach einer längeren, stationären psychiatrischen Behandlung zu mir. Wir arbeiteten in einem integrativen analytischen Setting, abwechselnd mit je einer wöchentlichen Sitzung in meiner Praxis und einer zweiten Stunde bei den Pferden. Sarah hatte im Alter von 18 Jahren bereits zwei Suizidversuche hinter sich. Sie begegnete mir mit deklariertem Misstrauen gegenüber Psychotherapie und Therapeutinnen, und sie formulierte große Zweifel daran, dass ich ihr helfen könne.

Über viele Wochen schien sie mit meiner Halbblutstute Athena nach inniger Nähe zu suchen, ihre Wärme erfühlen und erspüren zu wollen, während sie die Stute vorsichtig, fast zärtlich und behutsam berührte. Oft führten die beiden minutenlange, stille Zwiegespräche in der Box, wobei sich die hoch sensible Stute aufmerksam, immer zugewandt und präsent verhielt. Es war außergewöhnlich, wie lange sie im Kontakt und ganz und gar bei Sarah blieb, ohne sich deren Berührungen zu entziehen.

Immer wieder berichtete Sarah von ihrem abgrundtiefen Hass auf Mitschülerinnen, die sie in den Pausen allein stehen ließen, nicht an ihren Gesprächen beteiligten, vermeintlich ausgrenzten und ablehnten. Die gewaltsamen, sich aus schierer narzisstischer Wut nährenden Rachefantasien und Todeswünsche der Patientin für ihre Klassenkameradinnen waren erschreckend in ihrer Brutalität. Ich konnte versuchen, sie mit ihr zu verstehen und auszuhalten, wollte diese Vorstellungen aber natürlich weder gutheißen noch mich mit ihren feindseligen Wünschen nach Bestrafung solidarisieren. Ohne die Anwesenheit des Pferdes in dieser Therapie hätten Misstrauen, Angst und negative Übertragungen auf mich sowie entsprechende Gegenübertragungen von mir möglicherweise ebenso zum Abbruch geführt, wie es in vorausgegangenen Therapieversuchen mehrfach geschehen war.

In einer Stunde mit dem Pferd wollte Sarah »an der Schulhofsituation arbeiten«. Dazu wünschte sie, mit der Stute in die Reithalle zu gehen. Sie stellte Athena in die Mitte und ging selbst etwa 20 Meter weiter in eine hintere Ecke der Halle, wartend. Die Situation wirkte auf mich so, als hoffte sie, dass wenigstens Athena zu ihr käme. Die Stute schaute der sich entfernenden jungen Frau aber nur eine Weile nach, ging dann sehr entschieden in die entgegengesetzte Richtung zum Hallenausgang, hielt den Kopf über das geschlossene Bandentor und »schrie« förmlich nach den anderen Pferden; diese antworteten aus dem Stall mit aufgeregtem Wiehern und so ging das »Gespräch« ausschließlich zwischen den Pferden weiter. Ich befand mich still in einiger Entfernung, sowohl zu meiner Stute als auch zu Sarah. Sie war völlig fassungslos, schluchzte und weinte – zum ersten Mal. Sarah konnte in der Folge ihre Trauer und ihren Schmerz sowie ihre unerlöste Sehnsucht nach Zugehörigkeit, Wertschätzung und Zuneigung unter ihrer aggressiven Abwehr spüren und mitteilen.

Die Stute schien etwas von dieser existenziellen Not und Bedürftigkeit zu fühlen bzw. zu übernehmen und – absolut im Gegensatz zu ihrer sonstigen Souveränität in der Reithalle – in aller Deutlichkeit zum Ausdruck zu bringen. Ich selbst war sehr berührt und beeindruckt von diesem Moment. Er setzte wesentliche Impulse für unseren weiteren, gemeinsamen therapeutischen Prozess.

Die Vorstellung der Neurobiologen, dass in der Begegnung und Berührung mit dem biografisch unbelasteten Lebewesen Pferd Oxytocin freigesetzt wird, würde die deutlich größere Offenheit (beziehungs-)traumatisierter Patientinnen für eine sicher gebundene therapeutische Beziehung erklären (s. Kapitel 8.1.2 und 8.3).

Diese sogenannte Eisbrecherfunktion, die dem Pferd als Medium in der Psychotherapie zugeschrieben wird, ist aus psychosomatischer Sicht ein hoch wirksamer Indikator für positive Einflüsse des Pferdes in einem integrativen Psychotherapiesetting. Die Möglichkeit der

Patientinnen, sich über die Vermittlung durch das Pferd auf Bindung an und Vertrauen in ein menschliches Gegenüber einzulassen, ist von zentraler Bedeutung, da das Zustandekommen und die Qualität der therapeutischen Beziehung wiederum der wichtigste Prädiktor für den Erfolg psychotherapeutischer Interventionen sind.

Abbildung 3:
Athena v. Aarking xx

5 Die Bedeutung von Intersubjektivität und Empathie für die therapeutische Beziehung

Was aber befördert oder verhindert die so viel beschworene Qualität der therapeutischen Beziehung? Die ursprüngliche, frühe Psychoanalyse war reine Deutungstechnik; der Analytiker sprach kaum ein Wort, war bemüht, als Person möglichst nicht in Erscheinung zu treten, um weitgehend neutral, als Tabula rasa, größtmöglichen Raum für Übertragungen und Projektionen der Analysandinnen zu bieten. Das Abstinenzgebot stand an oberster Stelle, und teilweise war es sogar tabuisiert, dem auf der Couch liegend behandelten Patienten, der Patientin, die Hand zur Begrüßung oder zum Abschied zu geben. Bereits die Selbstpsychologie, begründet von Heinz Kohut, die Objektbeziehungstheorie (Melanie Klein) und die Bindungstheorie (John Bowlby) beeinflussten diese lange gehüteten Paradigmen. Für Freuds Tochter Anna und die sie umgebende Gruppe von Kinderanalytikerinnen nahm die Säuglingsbeobachtung eine besondere Stellung ein. Sie waren daran interessiert, die Entwicklung der kindlichen Seele nicht von erwachsenen Patienten ausgehend zu rekonstruieren, sondern im Zusammenspiel mit der Mutter zu erforschen.

In dieser Tradition stehend, setzte Daniel Stern – als Psychiater, Psychoanalytiker und Kinderanalytiker einer der führenden Experten der modernen empirischen Säuglingsforschung – auch videobasierte Beobachtungen unter experimentellen Bedingungen ein. Diese Art der Forschung lieferte essenzielle neue Erkenntnisse über den frühen, intersubjektiven Austausch zwischen Mutter und Kind und dessen Einfluss auf die Selbstentwicklung. Das Wissen darum, dass unsere Gefühle immer durch die Gefühle, Gedanken und Intentionen anderer geprägt sind, dass unser gesamtes mentales Leben ein gemeinsames Produkt unserer selbst und anderer Psychen ist, überwuchs die Ein-Personen-Psychologie der tradierten Psychoanalyse (Stern, 2005, S. 90).

Donna Orange, Robert Stolorow und George E. Atwood (2001) leiteten schließlich mit der von ihnen formulierten *Intersubjektivitätstheorie* die sogenannte intersubjektive Wende in der an Sigmund Freud orientierten, psychoanalytischen Community ein. Ich möchte an dieser Stelle diese beiden eng miteinander verbundenen Strömungen innerhalb der Psychoanalyse nach Freud skizzieren, da sie sich neuen Konzepten einer entwicklungsfördernden therapeutischen Haltung widmen.

Donna Orange und Kollegen bezeichneten diese Haltung als *empathisch-introspektive Erforschung,* wodurch die Prinzipien erhellt werden sollen, die zum einen das Erleben der Patientin unbewusst organisieren, dies wäre *Empathie* im eigentlichen Sinne, und zum anderen das Erleben der Analytikerin unbewusst organisieren, dies wäre *Introspektion* im eigentlichen Sinne. Darüber hinaus gilt die Aufmerksamkeit dem *oszillierenden psychischen Feld,* das durch die Wechselwirkung zwischen den beiden Beteiligten geschaffen wird – eben der von ihnen so benannten Intersubjektivität (Orange, Atwood u. Stolorow, 2001, S. 66 ff.).

Empathie ist in diesem psychoanalytischen Verständnis nicht wie im umgangssprachlichen Sinne als Mitgefühl oder Anteilnahme gedacht. Empathie ist hier konzipiert als ein der therapeutischen Beziehung als Orientierungshilfe dienender Prozess der Sammlung von Information, als emotionales Verstehen, und zwar der Patientin aus *ihrem* Bezugsrahmen heraus.

Die Begegnung mit den intersubjektiven, ganz und gar beziehungs- und empathieorientierten Konzepten begeisterte mich aus verschiedenen Gründen. Schon immer gab es Rivalitäten und Dünkel zwischen den verschiedenen psychotherapeutischen und sogar den analytischen Schulen. Hier aber hatte ich das Gefühl, mit diesen neuen, das Haus der Freudianer nahezu revolutionierenden Ideen zur therapeutischen Haltung und Beziehung als Jung'sche Analytikerin durchaus vertraut zu sein. In seinen Konzepten zur Übertragungsbeziehung bzw. zur therapeutischen Beziehung ging auch C. G. Jung – in eklatantem Widerspruch zu den meisten seiner Kollegen – bereits in den 1920er Jahren davon aus, dass sich Analytikerin und Analysandin nicht nur auf der bewussten Ebene, sondern auch in einer Art gemeinsamem Unbewussten gegenseitig beeinflussen, dass das Übertragungsgeschehen eine Co-Produktion, eine gemeinsam gestaltete Reise sei, die beide Therapiepartner verändert. Jung interessierten dabei vor allem die aus diesem verbundenen, *partizipierenden* Unbewussten erwachsenden Symbolbildungen, die damit einhergehenden Entwicklungsimpulse und (Selbst-)Erkenntnisprozesse – weniger das emotionale Beziehungserleben in allen interaktionellen Facetten.

Lilian Otscheret (2005, S. 60) fasst als Jung'sche Analytikerin, die sich mit den Einflüssen der intersubjektiven Perspektive auf das Verständnis der therapeutischen Beziehung und die sich darin entfaltenden Übertragungsprozesse intensiv auseinandersetzte, zusammen: »Man könnte in Jung einen direkten Vordenker der Intersubjektivität sehen, besonders in seinen frühen Schriften zur Behandlung. […] Die Intersubjektivisten antworten auf die Fragen, die bei Jung offen geblieben sind.«

In meiner Lehranalyse und allen Supervisionen war mir eine therapeutische Haltung begegnet, die der intersubjektiven sehr ähnlich war. Für mein Verstehen der körpertherapeutischen Aspekte und der Resonanzphänomene in der Arbeit mit den Pferden waren vor allem die Erkenntnisse der Säuglingsforschung und der modernen Entwicklungspsychologie essenziell (s. Kapitel 8.4 und 8.5). Die Intersubjektivisten bezogen sich darauf.

Stern (2005, S. 89 ff.) beschreibt den Aspekt *psychotherapeutischer Intersubjektivität* als ein Sich-in-den-anderen-Hineinversetzen: »Wir lesen den Anderen, fühlen, was in ihm vorgeht, empfinden ihn oder sie nach und mit. Wir fühlen im eigenen Körper, was der andere fühlt, indem wir seine Körperhaltung oder seine Bewegungen und seinen Gesichtsausdruck sehen, seinen Tonfall hören, seinen Affektausdruck und seine wie auch immer spürbaren Intentionen wahrnehmen.« All dies geschehe intuitiv, teilweise bewusst, teilweise nur halb bewusst und ebenso würden wir in Sekundenbruchteilen die Reaktionen des anderen auf unsere Antworten registrieren, speichern, verarbeiten und so das Erspürte abgleichen. »Unser Nervensystem ist so konstruiert, daß es vom Nervensystem anderer Menschen verstanden werden kann; auf diese Weise können wir andere nicht nur mit unseren eigenen Augen wahrnehmen, sondern auch so, als ob wir in ihrer Haut steckten. Potentiell steht uns eine Art emotionaler Pfad offen, der direkt in den anderen hineinführt. Wir nehmen an seinem Erleben teil und lassen es in uns widerhallen und umgekehrt gilt das gleiche.«

Mehr als ein Jahrzehnt zuvor stellte Stern (1992, S. 193) bereits fest: »Es gibt gewichtige Gründe, anzunehmen, dass auch sozial lebende Tiere, zum Beispiel Hunde, Intersubjektivität – so wie wir sie verstehen – herstellen können.«

5.1 Evolution der Empathie und Biologie der Gegenübertragung

Mario Schlegel, ursprünglich Verhaltensbiologe, dann Dozent und Lehranalytiker am C. G. Jung-Institut Zürich und Leiter der Wissenschaftskommission der Schweizer Charta für Psychotherapie, publizierte 2013 unter dem Titel »Die Evolution der Empathie« eine für die vorliegende Studie hoch bedeutsame Arbeit. Darin bringt er Erkenntnisse aus der Verhaltensforschung, der Entwicklungspsychologie und der psychotherapeutischen Prozessforschung zusammen, mit dem Ziel, die stammesgeschichtliche (phylogenetische) und die individuelle (ontogenetische) Entwicklung der Fähigkeit zur menschlichen Empathie als nahtloses Kontinuum darzustellen. Er betont die Bedeutsamkeit der Verbindung von Ethologie (Verhaltensforschung) und Psychotherapie, die in den 1950er Jahren zur Bindungstheorie des Psychoanalytikers John Bowlby führte, der mit dem Ethologen Robert Hinde zusammenarbeitete.

Hinsichtlich der Erkenntnisse über die Evolution der empathischen Fähigkeiten *bei Säugetieren* bezieht Schlegel sich weitgehend auf den Ethologen Frans de Waal (2011, S. 269). »Ich denke, dass die Empathie zu einem Erbe gehört, das so alt wie die Abstammungslinie der Säugetiere ist. Die Empathie nutzt Hirnareale, die mehr als hundert Millionen Jahre alt sind. Die Fähigkeit entstand vor langer Zeit mit motorischer Nachahmung und Gefühlsansteckung, woraufhin die Evolution Schicht um Schicht hinzufügte, bis unsere Vorfahren nicht nur fühlten, was andere fühlten, sondern auch verstanden, was sie möglicherweise wünschten oder brauchten. Die Gesamtfähigkeit scheint wie eine russische Puppe zusammengesetzt zu sein. Im Kern befindet sich ein automatischer Prozess, den viele Arten gemeinsam haben.«

Evolution der Empathie

Schlegel (2013, S. 93) beschreibt das Entwicklungskontinuum empathischer Fähigkeiten ebenfalls ausgehend von der Synchronisation von Körpern. Als motorische Nachahmung formt Synchronismus Fisch- und Vogelschwärme sowie das Herdenverhalten und ist »die ursprünglichste Form der Koordination und die tiefste Wurzel sozialen Verhaltens«.

So etwa flüchten alle Pferde einer Herde gleichzeitig, wenn ein Mitglied aufgeschreckt wird, das Grasen unterbricht, den Kopf hebt und davongaloppiert. Hier handelt es sich um die Synchronisation von Flucht- und Alarmreaktionen, die entscheidend für das Überleben von Tieren sind, die in Gruppen leben (s. Abbildungen 4a, 4b und 4c).

Abbildungen 4a, 4b und 4c: Synchronisationsmomente

Spiegelneuronen, ursprünglich von Giacomo Rizzolatti und Corrado Sinigaglia (2008) bei Rhesusaffen entdeckt, sind die biologische Basis des Synchronismus. Sie sind u. a. dafür verantwortlich, dass im Gehirn eines Menschen, der einen anderen bei einer Tätigkeit beobachtet, die gleichen Regionen aktiv sind wie bei dem, der die beobachtete Handlung vornimmt. Wer Tänzer auf einer Bühne beobachtet, aktiviert demnach die gleichen Gehirnbereiche wie die Tänzer selbst. Mithilfe der Spiegelneuronen übertragen sich jedoch auch emotionale Zustände und Schwingungen. Synchronisation – für sich allein genommen – ist nicht mit Gefühlen verbunden. Diese werden erst auf der nächsten Stufe der von Schlegel vorgeschlagenen Systematisierung, nämlich der Gefühlsansteckung, übertragen.

Dass Emotionen ansteckend sind, kennen wir alle und erleben wir nahezu täglich; weinende Menschen in unmittelbarer Nähe lassen uns traurig sein, in einer Gruppe lachender Individuen können wir uns diesem Lachen kaum entziehen, in einem Kinosaal können wir beobachten, wie viele Zuschauer gleichzeitig im Moment eines besonderen Schreckens oder am Kulminationspunkt einer aufregenden Szene tief einatmen, die Luft anhalten, sich aufrichten etc. De Waal bezeichnet dieses Verhalten als »preconcern«, was Schlegel mit »Urverbundenheit« übersetzt.

Die emotionale Perspektivenübernahme, umgangssprachlich als Empathie respektive Mitgefühl bezeichnet, ließe sich durch die einprägsame Formel ausdrücken: »Spüren, was der andere spürt, und tätig werden.« Die kognitive, emotional unbeteiligte Perspektivenübernahme »betrifft ausschließlich die Art, wie das eine Individuum wahrnimmt, was ein anderes Individuum sieht oder weiß« (de Waal, 2011, S. 135). Kognition ermögliche die Analyse komplexer Sachverhalte und erlaube entsprechende Reaktionen. Die Vereinigung der kognitiven mit der emotionalen Perspektivenübernahme führe zur adäquaten Bezugnahme und situationsgerechten Hilfe, sei es in gefährlichen Situationen, bei der Kooperation oder durch Trösten nach Niederlagen.

Bei Tieren wie Schimpansen und Elefanten wurden gezielte Hilfeleistung und tröstende Zuwendung nachgewiesen. Ähnliches konnten wir in unserer Pferdegruppe beobachten. Ein jüngerer Wallach musste meist außerhalb, unter dem Vordach der Schatten spendenden, Mücken- oder Regenschutz bietenden Weidehütte ausharren, während die beiden älteren Stuten sich im Inneren der Hütte die besseren Plätze sicherten. Zog ein Gewitter auf, womöglich mit Blitz und Donner, drängte die Leitstute allerdings sowohl ihre Freundin als auch den Wallach in die Hütte und blockierte regelrecht die Ausgänge.

Beim Menschen kommt nun zusätzlich zur emotional und kognitiv verknüpften Perspektivenübernahme, die ausschließlich auf den anderen gerichtet ist, die uns vorbehaltene Fähigkeit des *Mentalisierens* hinzu, nämlich sich selbstreflexiv Klarheit über den eigenen psychischen Zustand zu verschaffen. Das Konzept der Mentalisierung (Fonagy, Gergely, Jurist u. Target, 2006), aus der Bindungsforschung entstanden, stellt als Grundlage des Umgangs mit dem Übertragungsgeschehen ein zentrales Instrument psychotherapeutischer Interventionen dar. Es ist der zuvor beschriebenen, älteren Vorstellung der *empathisch-introspektiven Erforschung* als Basis einer therapeutischen Haltung verwandt.

Schlegel (2013, S. 97) erinnert daran, dass im zwischenmenschlichen Austausch alle evolutionären Schichten aktiv, »alle Kanäle offen« sind. Er versteht die archaische Schicht der Gefühlsansteckung als die aufschlussreichste im psychotherapeutischen Prozess, »denn sie wirkt, zusammen mit der nachgeschalteten Mentalisierungsfähigkeit, wie ein zusätzliches Sinnesorgan, gleichsam als ein Sinnesorgan des zwischenmenschlichen Austausches«. Dieser Befund führt den aus der Verhaltensforschung kommenden Analytiker dazu, von einer »Biologie der Gegenübertragung« zu sprechen.

Schlegel legt weiter dar, dass von einem Patienten bewusst wahrgenommene Gefühle und Emotionen für die Therapeutin als mimisch-körperlich-sprachliche Äußerungen direkt les- und deutbar sind. Körperausdruck und sprachliche Kommunikation sind in diesem Fall kongruent. Oft haben wir jedoch im therapeutischen Kontext mit Gefühlen zu tun, die von den Patienten unterdrückt, unbewusst verdrängt werden und abgespalten sind. Obwohl diese im Unterschied zu offen gezeigten Gefühlen nicht unmittelbar lesbar sind, werden sie von der Therapeutin doch im Sinne der Gegenübertragung wahrgenommen. Es sind u. a. sehr kurz aufscheinende Mikroausdrücke, über die sich solche Gefühle mitteilen. Sie dauern oft nur ein Zwölftel bis ein Fünftel einer Sekunde an, werden aber unbewusst wahrgenommen und affizieren – im Experiment nachgewiesen – die Therapeutin ebenso wie die Gefühlsübertragungen der Patienten und verbale Mitteilungen.

Für die Therapeutin geht es darum, die Gefühlsansteckung als Gegenübertragung zu identifizieren. Das, was die Therapeutin gewissermaßen in der Haut der Patienten spürt, kann durch adäquate Interventionen in den therapeutischen Prozess zurückfließen. Dies ermöglicht es den Patienten, fähig zu werden, verdrängte Gefühle bei sich selbst wahrzunehmen.

5.2 Das Pferd – Ein empathiefähiges Wesen

Alle im Rahmen dieser Studie interviewten Kolleginnen berichteten, dass sie die Reaktionen ihrer therapeutisch einbezogenen Pferde mit großer Aufmerksamkeit beobachten. Wenn das intersubjektive Feld der Dyade Patientin–Therapeutin um das Pferd und seine spezifische, im Bereich der analogen Kommunikation möglicherweise noch feinere Wahrnehmung erweitert ist, hat die Therapeutin neben der eigenen Gegenübertragungswahrnehmung die Resonanz des Pferdes zur Verfügung. Manche Reaktionen der Pferde geben zusätzlichen Aufschluss über die innere Befindlichkeit der Patientinnen, das heißt, sie ergänzen, irritieren, bestätigen oder korrigieren die Wahrnehmung der Therapeutin. Reaktionen des Pferdes und deren mögliche Bedeutung können zusammen mit der Patientin verstanden – mentalisiert – werden und somit in den therapeutischen Prozess einfließen. Obwohl eine Fähigkeit der Pferde zur Perspektivübernahme nicht nachgewiesen ist, ist häufig zu beobachten, dass auch sie nicht nur in der Gefühlsansteckung stecken bleiben und den Menschen lediglich spiegeln. Sie reagieren nicht zwangsläufig etwa mit Angst oder erhöhter Anspannung auf ängstliche Patienten, sondern gehen gerade mit solchen Patienten unter Umständen besonders vorsichtig um, bleiben beispielsweise stehen, wenn diese auf ihrem Rücken ein wenig aus der Balance geraten, verhalten sich auffallend ruhig, wenn diese besonders ängstlich, angespannt oder aufgeregt sind. Ebenso provozieren sie manchmal innerlich abwesende Patienten oder reagieren auf abgespaltene, unbewusst verdrängte Gefühle. Sie gleichen aus, kompensieren und sie scheinen emotionale Ausnahmesituationen mitunter zu *containen*, das heißt aufzunehmen und mitzutragen.

Nahezu alle Patientinnen sprachen von einer ganz besonderen Verbindung mit ihrem Therapiepferd, teilweise berichteten sie von einem Gefühl wortlosen Verstandenwerdens. Solche Aussagen mögen nicht unbedingt ein tatsächlicher *Beleg* für entsprechende, empathische Fähigkeiten der Pferde sein. Zumindest aber lassen sie darauf schließen, dass die Patientinnen ein Beziehungsangebot spüren, das zu Projektionen einlädt, hinter denen oft die Sehnsucht nach tiefer, wortloser Verbundenheit steht, die in der Kindheit unerwidert blieb.

Nachgewiesen ist, dass Pferde offenbar dazu fähig sind, den menschlichen Gesichtsausdruck artübergreifend zu lesen. An der University of Sussex/Brighton wurde in einem Experiment 28 Pferden ein Porträtfoto eines ihnen unbekannten, lächelnden menschlichen Gesichts bzw. ein Foto der gleichen Person mit wütendem Ausdruck vorgehalten. Wissenschaftlerinnen um Amy Smith beobachteten nun die Reaktionen der Pferde und maßen ihren Herzschlag. Die Pferde reagierten auf die wütenden Gesichtsausdrücke besonders deutlich, es gab einen Anstieg des Pulses und die Pferde bewegten ihren Kopf, um die wütenden Gesichter mit ihrem linken Auge zu mustern.[8] Bei der großen morphologischen Verschiedenheit der Gesichter von Mensch und Pferd lässt dieses erstaunliche Verhalten vermuten, dass Pferde als Fluchttiere über ein besonders gut ausgeprägtes, mimisches Verständnis verfügen (Smith, Proops, Grounds, Wathan u. McComb, 2016).

In einer späteren Studie zeigte ein japanisches Forscherteam um Ayaka Takimoto, Universität Hokkaido, insgesamt 19 Pferden jeweils die Porträtfotos von vertrauten und fremden Menschen, die entweder mit fröhlichem oder wütendem Gesichtsausdruck in die Kamera schauten. Parallel hörten die Pferde aus einem Lautsprecher,

---

8 Ähnlich wie Hunde neigen Pferde dazu, negative, potenziell bedrohliche Reize verstärkt mit ihrem linken Auge zu beobachten. Die darüber aufgenommene Information gelangt direkt in die rechte Hirnhälfte und wird dort verarbeitet.

wie diese Person zu ihnen sprach, und zwar ebenfalls in einem fröhlichen oder wütenden Tonfall, nur dass dieser sich nicht immer mit der Stimmung des gezeigten Fotos deckte. Es passierte also gelegentlich, dass dem wütenden Gesicht eine fröhliche Stimme und dem fröhlichen Gesicht eine wütende Stimme folgte. Im Fall eines solchen Widerspruchs zeigten sich die Pferde sichtbar irritiert, sie blickten deutlich schneller und signifikant länger in Richtung Lautsprecher.

Diese Ergebnisse deuten darauf hin, dass Pferde menschliche Gesichtsausdrücke und Sprachtöne zusammenfügen, um menschliche Emotionen zu erkennen, das heißt über eine sogenannt cross-modale Wahrnehmung verfügen (Takimoto, Nakamura u. Hasegawa, 2018).

Im April 2020 begegnete uns die Publikation einer Studie des Max-Planck-Instituts für Kognitions- und Neurowissenschaften Leipzig (Schrimpf, Single u. Nawroth, 2020). Hier wurde untersucht, ob Pferde menschliche Emotionen erkennen und inwieweit sie sich in der Begegnung mit einem fremden Objekt von ängstlich angespannt bzw. freudig neugierigen Emotionen der sie in diesem Experiment begleitenden Menschen beeinflussen und leiten lassen. In dieser Studie zum »Social Referencing« der Pferde, was psychologisch etwa »soziale Vergewisserung« bezeichnet und der in diesem Buch häufig erwähnten *Affektabstimmung* nahekommt, orientierte man sich an entsprechenden Untersuchungsanordnungen aus der Säuglings- und Kleinkindforschung. Die Autoren stellten insgesamt eine hohe Reaktionsbereitschaft der Pferde für die kommunikativen Signale der Menschen fest. Sie schlossen daraus auf hochspezialisierte kommunikative Fähigkeiten der Pferde, auch zwischen den Spezies. Die Studie lässt die Bemühung erkennen, bei aller notwendigen Reduktion größtmöglichen Freiraum für lebendige Begegnung zu gewähren; eine erfreuliche und zukunftsweisende Tendenz.

Die vorangehend skizzierten theoretischen Konzepte, vor allem die Forschungen zum gemeinsamen evolutionären Erbe von Mensch und Tier, in dem Intersubjektivität und Empathie gründen, stellen eine wesentliche Grundlage für die weitreichende Modifikation der psychotherapeutischen Behandlung durch das Einbeziehen von Pferden dar. Sie bilden den Bezugsrahmen, aus dem heraus wir im Kontext dieser Pilotstudie die Erfahrungen der Psychotherapeutinnen wie die der Patientinnen zu verstehen versuchen.

6 Vorstellung der interviewten Therapeutinnen

In diesem Kapitel werden die interviewten Therapeutinnen vorgestellt. Dabei wird der Fokus auf ihren psychotherapeutischen und hippologischen Hintergrund, ihre Konzepte und jeweiligen therapeutischen Ausrichtungen gelegt. Allen Kolleginnen wurden die gleichen Fragen gestellt; naturgemäß ergaben sich in den Gesprächen mit ihnen gleichwohl interessante Unterschiede in der inhaltlichen Vertiefung.

Die fünf interviewten Psychotherapeutinnen verfügten über Approbation und Kassenzulassung sowie hippologische Zusatzqualifikationen, die dem Niveau einer Trainer-C-Lizenz oder höher entsprechen. Grundsätzlich war die Einbeziehung der Pferde *als Medium* integriert in die tiefenpsychologisch fundierte oder analytische Psychotherapie, also psychotherapeutische Richtlinienverfahren. Bei Susanne Tarabochia war die Arbeit mit den Pferden Teil eines traumapädagogischen Konzepts in enger Zusammenarbeit mit den behandelnden Psychotherapeuten der von ihr begleiteten Kinder.

Die jeweiligen Philosophien und die konkreten Gestaltungen der Arbeit mit den Pferden variieren deutlich. Sie sind nicht nur geprägt durch die je individuelle therapeutische Haltung der Kolleginnen, sondern auch durch die Individualität der einbezogenen Pferde, ihre Art der Haltung und ihre Standorte.

Anne-Kristin Siemering

Anne-Kristin Siemering ist Diplom-Sozialpädagogin sowie Kinder- und Jugendlichenpsychotherapeutin mit Ausbildungen in tiefenpsychologisch fundierter Psychotherapie, Psychodrama und Gestalttherapie. Nach langjähriger Mitarbeit im Pferdeprojekt der FU Berlin ist sie seit 2007 in eigener Praxis in Berlin-Steglitz niedergelassen. Sie ist Mitglied der Fachgruppe Arbeit mit dem Pferd in der Psychotherapie (FAPP) und Mitautorin des von FAPP und DKThR herausgegebenen zweiten Sammelbandes »Psychotherapie mit dem Pferd – Beiträge aus der Praxis« (2018).

»*Einer Therapeutin, die in der Verständigung zwischen Pferden und Menschen hilfreich vermitteln kann, wird auch zugetraut, dass sie in schwierigen Situationen zwischen Eltern und Kindern konfliktlösend wirksam sein kann.*«

Anne-Kristin Siemering hat ihre Pferde auf einer großzügigen, ländlichen Reitanlage in einem kleinen Dorf im Süden Berlins untergebracht. Das Hofgut Gröben bietet weitläufige Weideflächen, Paddocks, mehrere Außenplätze und zwei Reithallen, insgesamt sehr gute Bedingungen für eine artgerechte Haltung ihrer aus vier Pferden bestehenden gemischten Therapiepferdegruppe. Das Areal ermöglicht ungestörtes Arbeiten mit den Patientinnen. Zugleich hat Anne-Kristin Siemering gute Trainingsmöglichkeiten für ihre teilweise auch auf Turnieren vorgestellten Pferde. Sie ist Trainerin C (FN[9]), ihre Pferde sind an der Hand, in der Boden- und Longenarbeit sowie in Dressur und Springen ausgebildet und sind geländesicher.

Die Mitarbeit im Pferdeprojekt der FU Berlin prägte ihr methodenintegrierendes Therapiekonzept nicht nur inhaltlich; auch die gute Zusammenarbeit mit den Jugendämtern konnte nach Auflösung des Pferdeprojekts im Jahr 2007 aufrechterhalten werden. Die Jugendämter ermöglichen auch weiterhin eine psychotherapeutische Behandlung von Kindern und Jugendlichen mit Pferden nach dem KJHG (Kinder- und Jugendhilfegesetz). Die Anzahl der bewilligten Fachleistungsstunden ist ausreichend, um den Mehraufwand, den

---

9 »FN« ist die Abkürzung für »Fédération Equestre Nationale« und die internationale Bezeichnung für die »Deutsche Reiterliche Vereinigung«.

die Arbeit mit Pferden mit sich bringt, zu finanzieren. In diesem Therapiesetting sind wöchentlich eine Doppelstunde bei den Pferden, eine weitere Sitzung in der Praxis und alle zwei Wochen Beratungsgespräche mit den Eltern oder anderen Bezugspersonen in der Praxis vorgesehen. Der Bewilligungszeitraum umfasst in der Regel zwei Jahre, in Ausnahmefällen maximal drei Jahre.

Anne-Kristin Siemering schätzt an der Arbeit mit ihren Pferden, dass sie ihr häufig einen anderen, tieferen Zugang zu den Innenwelten ihrer Patientinnen ermöglichen. Oft empfindet sie die Pferde nachgerade als »Dolmetscher« für sonst nur schwer wahrnehmbare, nicht offen gezeigte Emotionen der Patienten. Dass Kinder und Jugendliche, gerade in der Pubertät, über die Bewegung mit dem Pferd ihren Körper ganz anders spüren können, bewirke viel Positives, sagt sie überzeugt. Als Beispiel nennt sie Anna, ihre im Kontext dieser Studie interviewte junge Patientin. Anna schien mit ihrer sehr geringen Körpergröße kein Problem zu haben. Ihre phobisch verschobenen Ängste richteten sich u. a. auf Gullis und Abflüsse, in denen sie auf sehr irrationale Weise fürchtete, verschwinden zu können oder verschluckt zu werden. Die Pferde gaben Anna eine für sie nie gefühlte körperliche Größe, sie war auf dem Pferd sitzend sogar weit größer als ihre Therapeutin, die das Pferd führte. Sie konnte plötzlich die Welt von oben betrachten und fand einen ganz neuen Zugang zu ihrem Körper und einem zuvor hoch schambesetzten Körperempfinden. Sowohl den Pferdekörper in den kalten Stunden im Winter als wärmend und nährend zu erleben als auch zu spüren, wie der eigene Körper vom Pferd getragen wird, wie die Beine das Pferd umschlingen, seien sensationelle Körpererfahrungen.

Ichstärkend im Sinne erfahrbarer Erfolgserlebnisse und wachsender Kompetenzen seien aber auch zahlreiche andere Situationen, die sich im Kontakt und im Umgang mit den Pferden und auf dem Hof ganz praktisch im Handeln ergeben. Entscheidend sei eben nicht das Darüberreden, sondern das persönliche Erleben in dem Moment – und dies gemeinsam mit der Therapeutin. Als Therapeutin habe sie die Aufgabe, für eine möglichst risikofreie Arbeit mit den Kindern und Jugendlichen einen sicheren und geschützten Raum im »wilden Herdenleben der Pferde« zu gewährleisten. Damit stärke sie zugleich das Vertrauen ihrer Patientinnen in eine haltgebende und tragfähige therapeutische Beziehung. Ein Sich-Einlassen auf den zu Beginn manchmal verwirrenden oder sogar destabilisierenden psychotherapeutischen Prozess werde damit erleichtert.

Befragt zu etwas Grundsätzlichem in ihrer Haltung den Pferden gegenüber, äußert Anne-Kristin Siemering, dass Respekt ihr wichtig sei, und zwar in beide Richtungen: »Ich respektiere die Pferde, respektiere die Belange der Pferde, ihre Äußerungen und Bedürfnisse. Und ich arbeite mit meinen Pferden auch so, dass sie mich respektieren, dass sie meine Präsenz, meine Leitfunktion respektieren, und dass sie in der Lage sind, Menschen gegenüber auch Grenzen zu wahren.« Vor dem Hintergrund ihres täglichen und intensiven Arbeitens mit den Pferden sei es mitunter gar nicht so einfach, während der Therapiestunden aus dieser engen Bindung so weit zurückzutreten, dass die Pferde sich wirklich auf die Patienten einlassen können. Manchmal brauche es zwei bis drei Sitzungen, bis dies möglich werde. Eine therapeutische Haltung, die, wie mir scheint, äußerst respektvoll die Bedeutsamkeit der Beziehung zwischen Pferd und Patientin berücksichtigt.

Marika Weiger

Dr. med. Marika Weiger ist Ärztin für Psychosomatik und Psychotherapie mit tiefenpsychologisch fundierter und verhaltenstherapeutischer Ausbildung für das Einzel- und Gruppensetting. Als Balintgruppenleiterin ist sie in der ärztlichen Weiterbildung tätig. Seit 1996 ist sie in eigener Praxis in Pfarrkirchen (Niederbayern) niedergelassen, seither bezieht sie Pferde in ihre psychotherapeutische Arbeit ein, seit 2004 gemeinsam mit der Autorin auf der Hofstelle Kroed in Postmünster/Rottal-Inn. Sie ist Gründungsmitglied der FAPP und Mitautorin der beiden von FAPP und DKThR herausgegebenen Sammelbände »Psychotherapie mit dem Pferd – Beiträge aus der Praxis« (2005, 2018).

»Ich bin ganz sicher, dass sich im jeweiligen Moment das Richtige ereignet, wenn das Setting angemessen gewählt ist.«

Marika Weiger ist Trainerin B (FN) und absolvierte die Ausbildung für Heilpädagogisches Reiten und Voltigieren des DKThR.

Ursprünglich aus dem Dressur- und Vielseitigkeitssport kommend, erwarb sie drei Islandpferde und zog zwei Fohlen auf. Auf diese Weise entstand eine kleine Herde, die aus zwei Wallachen, einer Mutterstute und ihren beiden Töchtern bestand – ein therapeutisch sehr wertvoll nutzbares Familiensystem.

Auf Kroed, einer Hofstelle mit zwei einander gegenüberliegenden, gemeinsam bewirtschafteten Höfen und insgesamt 10 Hektar Grund, befanden sich darüber hinaus immer zwischen vier und sieben Warmblutpferde, die ebenfalls in den Therapien eingesetzt werden. Für das Einbeziehen der Pferde in die Psychotherapien stehen eine Reithalle, zwei Außenreitplätze und geschützte Wiesenwege auf dem eigenen Gelände zur Verfügung. Alle Pferde wurden nach klassischen Grundsätzen vielseitig ausgebildet und turniermäßig vorgestellt. Sie sind artgerecht in kleinen Gruppen- und Herdenverbänden gehalten (Offen- und Boxenställe), mit ganzjährig freien Bewegungsmöglichkeiten auf großzügigen Paddocks und angrenzenden Weideflächen.

Die Indikationen zur Einbeziehung der Pferde sind für Marika Weiger sehr vielfältig; die Arbeit mit den Pferden ist jedoch immer eingebunden in den tiefenpsychologischen Therapieprozess in der Praxis und durchdrungen von einer *Haltung des Geschehenlassens* in einem sicheren Raum. Marika Weiger im Interview: »Wenn ich einen Raum schaffe, der sehr reizarm ist, und ich mit der Patientin dort hinkomme, ergibt sich die Möglichkeit, dass sich in der Begegnung zwischen ihr und dem Pferd etwas entwickelt, das sehr geprägt ist von den momentan aktuellen Themen dieser Patientin; dies umso mehr, je besser ich mich als Therapeutin aus dieser Begegnung zurücknehmen kann.« Marika Weiger geht davon aus, dass dieser sensible, freiheitliche und sehr energetische Raum therapeutische Prozesse ermöglicht und fördert. Die Pferde geben, so ihre Beobachtung, sehr viel Eigenes hinein in die Interaktion mit den Patientinnen; manchmal erscheine ihr Verhalten wie getragen von einem unglaublichen Wissen und einer Tiefe, die annehmen lässt, es seien »Jahrtausende, die im Hintergrund mit wirksam sind«.

Die Patientinnen seien durch die komplexen Begegnungen und vielen neuen Anforderungen im Umgang mit den Pferden anders gefordert als in den Gesprächen in der Praxis. Abwehrmechanismen, die natürlich ebenso wie in der Praxis wirksam werden, seien durch die natürliche Präsenz, das so sehr auf den Menschen bezogene, ganze Wesen der Pferde wie unterlaufen bzw. überflüssig. Und sehr schnell ergebe sich eine unverstellte Emotionalität, an der man in der Praxis lange hätte arbeiten müssen.

In den Begegnungen mit den Pferden bilden sich wie in einem Mikrokosmos oder einer Art Vignette die *momentane* seelische Situation, *momentan* aktualisierte Beziehungserfahrungen und die daraus resultierende, individuelle Beziehungsgestaltung der Patientinnen ab. Daraus ergeben sich Szenen, in denen problematische Denk-, Fühl- oder Verhaltensmuster auftauchen, mitunter auch traumatische Ereignisse wiederbelebt werden. Im Schutz einer tragfähigen therapeutischen Beziehung können jedoch neue, veränderte Bewältigungsmechanismen erlebbar und neue Ressourcen entdeckt werden. Die in einem geschützten Raum gewonnenen, neuen, realen Erfahrungen können in die alltägliche Lebenswelt übersetzt und integriert werden.

Marika Weiger vertraue in hohem Maße auf die wechselseitige Interaktion und den sich ergebenden Prozess innerhalb eines sehr bewusst gesteckten, sicheren äußeren Rahmens – eine therapeutische Haltung, die hoher Präsenz und Achtsamkeit bedarf. In einem so gestalteten Setting können Themen von außen durch die Pferde angestoßen und bearbeitet werden. Ebenso können sich unter Umständen noch unbewusste Themen der Patientinnen auf die Pferde und in die Herde übertragen und dort erkennbar, erfassbar und damit einer therapeutischen Bearbeitung zugänglich werden. Marika Weiger fasst ihre Haltung so zusammen: »Es gibt viele Möglichkeiten, auch in vielen unterschiedlichen Settings. Man muss nur wissen, was man tut und warum man es tut.«

Susanne Tarabochia

Susanne Tarabochia ist Diplom-Sportlehrerin, Reittherapeutin (DKThR) und Traumapädagogin (Deutsche Gesellschaft für Psychotraumatologie, DEGPT) mit Weiterbildungen in körperorientierter Psychotherapie am Pferd. Sie leitet das reittherapeutische Zentrum der Tabaluga Kinderstiftung in Tutzing (Starnberg). In den Einrichtungen der Tabaluga Kinderstiftung werden traumatisierte Kinder und Jugendliche stationär und ambulant individuell betreut. Seit 2011 wurde mit Unterstützung des Zentrums für Traumapädagogik »Die Welle« und der Donauuniversität Krems in den heilpädagogisch-therapeutischen Wohngruppen ein zusätzliches, traumapädagogisches Angebot etabliert, von 2012 bis 2015 auch wissenschaftlich begleitet und evaluiert. Das tiefenpsychologisch bzw. *traumapädagogisch orientierte Therapiekonzept* der Tabaluga Kinderstiftung sieht wöchentliche Teambesprechungen und regelmäßige Supervision vor, sodass sich Susanne Tarabochia in ihrer Arbeit sehr wertgeschätzt und gut eingebunden erlebt.

»*Das größte Potenzial ist, dass das Pferd mit seinen ganz natürlichen Reaktionen und seinem artspezifischen Sozialverhalten stets bemüht ist, seine Grundbedürfnisse nach gutem Kontakt, Sicherheit und Verlässlichkeit zu nähren.*«

Die Reittherapie wird als ergänzendes Verfahren im Einzelsetting, im Zweiersetting oder in einer Kleingruppe mit maximal vier Teilnehmern angeboten. Darüber hinaus haben die Kinder und Jugendlichen die Möglichkeit, bei hohem Stresspegel in der Enge der Wohngruppe oder im häuslichen Bereich, an zusätzlichen Nachmittagen ihr Pony oder Pferd zu pflegen oder im Stall mitzuhelfen. Auf diese Weise wird drohenden Eskalationen vorgebeugt und eine konstruktive Möglichkeit der Stressregulation zur Verfügung gestellt. Die Atmosphäre auf dem Hof, auf dem auch einige private Pferdebesitzer die von der Stiftung erbaute Reithalle mitnutzen, wirkt ruhig, klar und sehr geordnet. Zehn Therapiepferde sind in einem Offenstall mit angrenzenden, großzügigen Weideflächen untergebracht. Sie werden regelmäßig gymnastiziert, ins Gelände geritten und sind vielseitig vom Boden aus und unter dem Sattel ausgebildet.

Susanne Tarabochia erlebt ihre Pferde und Ponys als sehr feines Gegenüber, dessen Reaktionen sie im Laufe der Jahre zunehmend schätzen gelernt habe. »Das ist für mich inzwischen ein ganz wichtiger Baustein, dass ich ihnen sehr stark vertraue, und wenn sie eine Reaktion zeigen, die ich erst mal nicht einordnen kann, lässt mich das oftmals lange drüber nachdenken: Was war denn da jetzt eigentlich? Also was habe ich übersehen?« Sie sieht das wesentlichste, therapeutisch wirksame Potenzial der Pferde in dem ihrer Natur entsprechenden Grundbedürfnis, stets einen guten, sicheren, klaren Kontakt zu suchen – in der um die Menschen erweiterten Herde nicht anders als in der Pferdeherde. Gerade in der Bodenarbeit werde deutlich, dass die Pferde den *Energielevel* der Klienten spüren, da sie Klarheit und Präsenz benötigen, um folgen und sich anschließen zu können. Anderenfalls würden sie ihre Irritation auf unterschiedliche Weise zeigen – was als unmittelbare Rückmeldung von Kind und Therapeutin aufgegriffen und für den therapeutischen Prozess fruchtbar eingesetzt werden kann.

Die Art der Einbindung der Reittherapie in das therapeutische Gesamtkonzept der Einrichtung erlaube Susanne Tarabochia, in einem klaren Rahmen und wohl geordneten Strukturen einen großen, individuellen Freiraum zur Verfügung zu stellen, in dem die Kinder und Jugendlichen (Selbst-)Fürsorge und Übernahme von Verantwortung erlernen können. Die Geborgenheit des Reiterhofs steht den Jugendlichen und jungen Erwachsenen auch dann noch offen, wenn sie die Einrichtung bereits verlassen haben, eine Berufsausbildung absolvieren oder eine eigene Wohnung bezogen haben – auch in diesem Sinne wohl ein wichtiger Übergangsraum.

Angelika Rückl-Kast

Angelika Rückl-Kast ist Analytische Kinder- und Jugendlichenpsychotherapeutin in eigener Praxis nahe Heilbronn. Nach einem Kunststudium absolvierte sie eine Weiterbildung zur Kunsttherapeutin in Zürich sowie eine reitpädagogische Ausbildung in Luxemburg. Sie ist Dozentin am Institut für Psychoanalyse und Tiefenpsychologie e. V. Stuttgart. Nach einer Erkrankung an Kinderlähmung und diversen Operationen ab dem 18. Lebensjahr blieb eine Restlähmung in ihrem linken Bein zurück. Die Bewältigung ihres Handicaps wurde zur intensiven Selbsterfahrung; mit vierzig Jahren konnte Frau Rückl-Kast sich mit dem ehemaligen Turnierpferd ihrer Tochter den lange gehegten Wunsch, reiten zu lernen, erfüllen.

In der pferdegestützten Psychotherapie arbeitet sie mit einer Halbblut- und einer spanischen PRE-Stute (Pura Raza Española), vor allem aber mit einem im Merfelder Bruch als Wildpferd aufgewachsenen

Dülmener Kleinpferd[10]. Sie erhält in den Therapien, im Gymnastizieren sowie in der Versorgung der Pferde Unterstützung von drei Assistentinnen. Die Pferde waren in einem kleinen Offenstall mit angrenzendem Roundpen und Weiden untergebracht. Zum Zeitpunkt unseres Interviews befand sich Angelika Rückl-Kast kurz vor dem Umzug auf den *Sophienhof*, wo ihre Pferde neben einem Offenstall größere Weiden zur Verfügung haben. Für die therapeutische Arbeit sind ein Reitplatz sowie im Haus Praxis- und Seminarräume vorhanden.

Sensibilisiert durch das tägliche Bewältigen des eigenen Handicaps, begegnet Angelika Rückl-Kast mit viel Engagement und großer Offenheit Kindern und Jugendlichen, die ebenfalls mit einer Behinderung leben; häufig beziehe sie die gesamte Familie in die Sitzungen mit den Pferden ein. Oft erlebe sie Eltern – auch Eltern nicht behinderter Kinder – sehr hilflos hinsichtlich der Frage, wie sie ihren Kindern klare Grenzen vermitteln können. Die daraus erwachsende, große Verunsicherung der Kinder führe dann reaktiv in ein mitunter ausufernd aggressives oder omnipotentes Verhalten.

»*Diese frühen Traumatisierungen sitzen nicht nur in der Seele, sie sitzen im Körper. Vielleicht ist es unter anderem die regelmäßige, wiegende Links-rechts-Bewegung der Pferde im Schritt, die mit der Zeit auch dem Körper hilft, diese ganzen Erstarrungsreaktionen loszulassen.*«

Durch die *Arbeit mit der gesamten Familie am Pferd* könnten sich, davon ist sie überzeugt, solche Beziehungskonflikte deutlicher zeigen und meist im Hier und Jetzt sehr konstruktiv bearbeitet werden. Oft fänden Mütter im Führen des Therapiepferdes wichtige Ressourcen für die klarere Führung ihrer Kinder, und sie entdeckten Fähigkeiten und Kompetenzen der Kinder, die sie unter der konflikthaften Familiendynamik nicht hätten wahrnehmen können.

---

10 In der Nähe der nordrhein-westfälischen Stadt Dülmen existiert seit dem 14. Jahrhundert eine Herde wild lebender Pferde im Merfelder Bruch, einem Naturschutzgebiet im heutigen Besitz des Herzogs von Croy. In einem ca. 400 Hektar umfassenden Reservat leben etwa 380 Wildpferde weitgehend unbeeinflusst vom Menschen. Einmal im Jahr werden die geschlechtsreifen Jährlingshengste aus dem Bestand herausgefangen und versteigert. Sie gewöhnen sich meist sehr schnell an den Menschen, und ihnen wird ein gelassener, freundlicher Charakter neben eher ruhigem Temperament attestiert.

Befragt nach dem wesentlichen Beitrag, den die Pferde als Co-Therapeuten bzw. als Medium in der Psychotherapie aus ihrer Sicht leisten, antwortet Angelika Rückl-Kast, dass sie annehme, dass die Pferde jene analoge Sprache über den Körper – Gestik, Mimik, Bewegung – viel besser lesen können als wir. Ebenso würden sie deutlich und schnell auf den Klang einer Stimme, auf Töne und Betonungen reagieren, weil sie eben nur diese Sprache und nicht die der Worte haben. Da sich im körperlichen Ausdruck eines Menschen auch seine Emotionen spiegeln, nehme ein Pferd unter Umständen auch Gefühlszustände wahr, die dem betreffenden Menschen (noch) gar nicht bewusst sind – die über die Reaktion oder die Resonanz der Pferde aber dem Bewusstsein zugänglich werden können, häufig verbunden mit einem sehr überwältigenden Gefühl, in der Tiefe verstanden, erspürt, erkannt worden zu sein.

Als Beispiel erwähnte Angelika Rückl-Kast eine Situation, in der das von der Assistentin geführte Therapiepferd, auf dem die Patientin saß, in ungewohnter Weise immer wieder stehen blieb und kaum zum Weitergehen zu bewegen war. Als sie darum bat, nun tatsächlich anzuhalten, um dieses Phänomen zu verstehen, sei die Patientin in heftiges Weinen ausgebrochen. Dann habe sie erzählt, dass sie daran denken musste, wie ihre Mutter, wenn sie als Kind hingefallen war und sich die Knie aufgeschlagen hatte und weinte, sie jeweils hochgezerrt habe, weitergelaufen sei und auch noch über das Loch im Strumpf geschimpft habe. Nie sei die Mutter stehengeblieben oder habe sie getröstet. Das Pferd aber – so die tief berührte Patientin – sei gerade immer wieder stehengeblieben, als sie so sehr von der Trauer überflutet wurde. In diesem Moment, schloss Angelika Rückl-Kast die Erzählung, habe das Pferd auch noch der weinenden Patientin auf seinem Rücken den Kopf zugewendet und sie angeschaut. Ihre ganze Haltlosigkeit hatte sich im Bild dieser früheren Szene verdichtet. Sie war womöglich als eine Art Deckerinnerung vor dem Hintergrund sexueller Übergriffe durch den Vater, vor denen die Mutter sie auch nicht hatte bewahren können, zusätzlich emotional aufgeladen.

Vielleicht seien die Pferde viel mehr und intensiver als wir Menschen mit dem verbunden, was C. G. Jung das kollektive Unbewusste nannte. Oft aber, so Angelika Rückl-Kast, seien die Reaktionen der

Pferde auf ganz tiefe, vielleicht auch schmerzliche Themen der Menschen so verblüffend, dass sie sich eigentlich einer Erklärung entziehen.

Ilka Parent

Ilka Parent ist Diplom-Psychologin mit psychoanalytischer Ausbildung (USA), sie verbrachte den größten Teil ihrer Berufszeit in den Vereinigten Staaten. Nach mehrjähriger Tätigkeit in Militärkrankenhäusern verlagerte sie ihre Arbeitsweise auf die pferdeunterstützte Psychotherapie für einsatzgeschädigte Soldaten, Veteranen und deren Familienangehörige sowie andere Patientinnen mit Posttraumatischem Belastungssyndrom (PTBS). Seit 2011 ist sie als Psychologische Psychotherapeutin in eigener Praxis nahe Ramstein (Rheinland-Pfalz), in einer von Weinbergen und grünen Hügeln geprägten Region, niedergelassen.

»*Meine Erfahrung ist, eine Stunde mit Pferd ersetzt drei Monate in der Praxis.*«

Ilka Parent integriert Elemente des EAGALA-Modells (Equine Assisted Growth and Learning Association) mit Assistentin in ihr Konzept psychodynamisch ausgerichteter, »pferdeunterstützter Traumatherapie«. Sie bietet Fortbildungen zu ihrer Methode an, ist Veranstalterin jährlich stattfindender internationaler Symposien und publizierte entsprechende Kompendien sowie Grundlagenwerke zur Traumatherapie mit dem Pferd.

Eine Besonderheit des EAGALA-Modells ist, dass immer in einem Team gearbeitet wird, bestehend aus einer psychotherapeutischen Fachkraft, einem sogenannten Pferdespezialisten und mindestens einem Pferd. Während im ursprünglichen Modell ausschließlich vom Boden aus und meist in der Pferdeherde gearbeitet wird, setzt Ilka Parent die Möglichkeit des physischen und psychischen Getragenwerdens durch das Pferd gerade im Kontext der Arbeit mit dissoziationsgefährdeten Patientinnen und der Traumabearbeitung ein.

Sie entwickelte eine eigene Form der Arbeit mit EMDR[11] auf dem Pferd, wobei sie Hufschlag und Schrittbewegung des geführten Pfer-

---

11 Eye Movement Desensitization and Reprocessing (EMDR) fand zunächst Anwendung bei Menschen mit psychotraumatischen Belastungssyndromen. Kernstück der Methode ist ein Assoziationsprozess, ausgehend

des als taktil-auditive Stimulation und zur *Orientierung im Hier und Jetzt* nutzt. Dem Pferd wird zu seiner eigenen Verankerung mit dem Assistenten, der Assistentin, ein psychisch gesunder Mensch mit an die Seite gestellt. Bei komplex traumatisierten Patientinnen setzt Ilka Parent im Sinne einer zusätzlichen Distanzierungsmöglichkeit die »Vier-Felder-Technik«[12] ein (häufig ausgedehnt auf bis zu zwölf Felder): Die Patienten zeichnen auf dem für diesen Moment jeweils angehaltenen Pferd ihre inneren Bilder auf ein entsprechend in Felder gefaltetes Blatt Papier.

Amin, ihr Therapiepferd, ein sehr freundlicher und den Menschen gegenüber offen wirkender Araberwallach, lebt in einem von der Praxis aus zu Fuß leicht erreichbaren Offenstall mit großen, angrenzenden Hangweiden in einer Gruppe von ca. vier Pferden. Ob ihr Pferd mit dem Patienten in Kontakt treten möchte, dürfe es – mit Ausnahme der bereits genannten EMDR-Sitzungen – selbst entscheiden; es wird nicht mit Hilfsmitteln (Halfter, Trense) in den Kontakt gezwungen oder zur therapeutischen Mitarbeit genötigt, das heißt, manchmal werde es auch nur beobachtet. Die von den Patienten geäußerten Beobachtungen könnten dann wiederum mit ihrer eigenen inneren und emotionalen Situation in Beziehung gesetzt und therapeutisch bearbeitet werden.

Ein weiterer Bestandteil des von Ilka Parent genutzten Konzepts ist die Arbeit mit sogenannten *Metaphern*. Bestimmte Themen können beispielsweise auf einem abgegrenzten Reitplatz und zwischen sich dort frei bewegenden Pferden mit Gegenständen symbolisch

---

von einer konkreten Belastungssituation, bei dem die Patienten gleichzeitig den horizontalen Fingerbewegungen des gegenübersitzenden Therapeuten mit den Augen folgen. Die »bilaterale Stimulation« ist ebenfalls mit taktilen oder auditiven Stimuli möglich. Dadurch scheint im Gehirn ein Informationsverarbeitungsprozess angestoßen zu werden, in dem für viele Patienten durch spontane assoziative Verbindungen eine Verarbeitung und Desensibilisierung, im besten Fall eine rasche Entlastung spürbar wird.

12 Bei der Vier-Felder-Technik wird die belastende Situation auf ein in vier Felder eingeteiltes Blatt gezeichnet, nachdem zuvor auf demselben Blatt ein Ressourcenbild gemalt wurde. Der durch bilaterale Stimulation herbeigeführte Verarbeitungsprozess führt zu einem veränderten Bild, das ebenfalls gezeichnet wird. Die Verarbeitung wird solange fortgeführt, bis daraus ein für den Patienten befriedigendes Bild resultiert.

dargestellt werden. Innere und zwischenmenschliche Konflikte können so unmittelbar bearbeitet und entsprechende Lösungsansätze mit der realen Lebenssituation in einen möglichst sinnstiftenden Zusammenhang gebracht werden.

Ilka Parent betont, dass sie die sehr innige Verbindung zu ihrem Pferd während der Therapiesitzungen weitgehend zu »kappen« versuche, um den Beziehungsraum zwischen Patientin und Pferd möglichst wenig zu beeinflussen. Sie ist aufgrund ihrer langjährigen Erfahrung mit komplex traumatisierten Patienten (Menschen mit multiplen Persönlichkeitsstörungen, Menschen mit schweren Misshandlungserfahrungen und Erfahrungen ritualisierter Gewalt) davon überzeugt, dass die Pferde ihren Patienten so etwas wie emotionalen Halt geben, dass die Pferde belastende Emotionen zumindest teilweise mittragen. Sie spricht von der Bereitschaft der Pferde, »mit ihrem ganzen Wesen« eine Verbindung einzugehen, und berichtet von dem so häufig von Patienten geäußerten Empfinden einer »tiefen Verbundenheit« mit dem Pferd – einem Phänomen, das man jedoch nur fühlen und nicht erklären könne.

Barbara von Morgen

Barbara von Morgen ist Diplom-Psychologin und Psychologische Psychotherapeutin für Kinder, Jugendliche und Erwachsene in eigener Praxis in Egestorf (Lüneburger Heide). Sie ist in tiefenpsychologisch fundierter Psychotherapie für Kinder, Jugendliche und Erwachsene (Einzel- und Gruppentherapie) ausgebildet und als akkreditierte Supervisorin der Psychotherapeutenkammern Hamburg und Niedersachsen tätig. Sie ist Trainerin C (Islandpferde), Reittherapeutin (DKThR) und bildet ihre Pferde nach den Grundsätzen des klassisch-barocken Reitens aus. Seit 1995 arbeitet sie mit Pferden in der Psychotherapie. Seit 2006 bietet sie eine Fortbildungsreihe und Selbsterfahrungsseminare für Psychotherapeutinnen am Pferd an. Sie ist Gründungsmitglied der Fachgruppe Arbeit mit dem Pferd in der Psychotherapie (FAPP) und Mitautorin der beiden von FAPP und DKThR herausgegebenen Sammelbände »Psychotherapie mit dem Pferd – Beiträge aus der Praxis« (2005, 2018) sowie Autorin weiterer Publikationen zum Thema.

Barbara von Morgen hält ihre kleine Islandpferdeherde am Ortsrand von Egestorf, einem der unmittelbar an das Naturschutzgebiet angrenzenden Heidedörfer, in einem Offenstall mit Reitplatz und Weiden am Haus. Ihre Praxis im Zentrum des Ortes ist fußläufig entfernt, aus den Fenstern fällt der Blick auf ein Reetdach mit einem bewohnten Storchennest. In der Regel findet die Arbeit mit den Pferden neben den Therapiestunden in der Praxis statt, das heißt von Sitzung zu Sitzung oder über bestimmte zeitliche Phasen alternierend. Das konkrete Setting bei den Pferden kann zwischen Bodenarbeit, geführtem oder selbstständigem Reiten bis zu gemeinsamen Ausritten variieren.

»Und was mir eigentlich das Wichtigste ist: dass die Pferde pferdegemäß reagieren. Also dass man nicht sagt, sie haben jetzt eine bestimmte Ausbildung als Therapiepferd, sondern dass sie authentisch sind in ihren Reaktionen.«

Befragt zu den für sie wesentlichsten Indikationen, Pferde in ihre Therapien einzubeziehen, äußert Barbara von Morgen eine Reihe unterschiedlicher Aspekte. Grundsätzlich sei es oft das Gefühl, dass es um das deutlich werdende Bedürfnis – damit korrespondierend einen erlebten Mangel – an Halt, Gehalten- und Getragensein gehe. Häufig erfüllten die Pferde dann auch so etwas wie eine *Eisbrecherfunktion*. Wenn vor einem solchen Hintergrund Misstrauen und Angst eine Beziehung zur Therapeutin erschweren, werde diese mitunter erst über das Pferd ermöglicht. Manchmal gehe es jedoch auch um die Entdeckung eigener Ressourcen jenseits belasteter oder belastender Alltagssituationen.

Erstbegegnungen zwischen ihren Patientinnen und den Pferden eröffnet sie mit der Frage, was den jeweiligen Menschen einfalle zu dem Pferd, mit dem sie gerade im Kontakt sind; so entstehe *Raum für Fantasien*. Häufig ergibt sich auf diese Weise ein Zugang zur eigenen Lebensgeschichte, zu Ängsten, zu Traumata, die vorher gar nicht mitgeteilt und angesprochen, für sie als Therapeutin nur zu ahnen waren. Die Tatsache, dass das Pferd eine so eindrückliche körperliche Präsenz habe und wir als Menschen sehr körperlich mit dem Pferd in Kontakt treten, Gefühle meist körperlich spüren, bewirke vermutlich diese emotionale Öffnung. »Du kannst ja nicht ohne Körper am Pferd sein, nicht ohne die körperliche Erfahrung und das Erleben, also: Riechen, Fühlen, die Berührung mit dem Fell.« So sei es manchmal auch der den Patienten explizit fehlende, nicht spürbare Kontakt zu den eigenen Emotionen, der ihr das Einbeziehen der Pferde sinnvoll erscheinen lässt.

Wenn es in der Arbeit mit den Pferden geschehe, dass Patientinnen plötzlich in dissoziativer Abwesenheit nicht (mehr) in ihrem Körper sind, sei häufig zu beobachten, dass die Pferde sie zurückholen, indem sie ihnen sehr nahe kommen, ihnen fast auf die Füße treten, sie »in ein Gebüsch ziehen«, einen eigenen Weg einschlagen etc. – in jedem Fall damit den Moment des Dissoziierens bewusst und einer therapeutischen Bearbeitung zugänglich machen.

Einen weiteren Beitrag der Pferde formuliert Barbara von Morgen mit knappen Worten: »Sie lockern die Abwehr.« Dass die Pferde auch unbewusste Gefühle und innere Befindlichkeiten der Patientinnen wahrnehmen und auf diese reagieren, sei für sie »hundertprozentig klar«; beispielsweise sei eine ihrer Islandstuten ein »Wutbarometer« – wenn jemand vermeintlich zufrieden gestimmt sei, tatsächlich aber einen unausgesprochenen Ärger mit sich herumtrage, gehe sie einfach fort.

Andererseits komme es auch vor, dass die Pferde solche unbewussten Gefühle halten, »containen«, im Sinne von »ich spüre was, aber ich trage das jetzt, ohne wegzulaufen oder Angst zu bekommen«. Das sei vor allem häufig da beobachtbar, wo es um eher schwach strukturierte Menschen ginge, da die Pferde gerade dafür oft ein sehr gutes Gespür hätten. In immer wieder beeindruckender Weise begegneten die Pferde den Menschen dann mehr auf einer schützenden, mütterlichen Ebene – egal, ob es sich um ein Kind oder um einen Erwachsenen handle.

Eine andere Ebene, die Barbara von Morgen in der psychotherapeutischen Arbeit mit den Pferden für bedeutsam hält, ist die der Ichstärkung im Sinne immer wieder möglicher, positiver Selbsterfahrungserlebnisse im Umgang mit den Pferden. Häufig erhält sie von ihren Patienten die Rückmeldung, dass sie zur Ruhe kommen, sich geerdet fühlen, zentrierter, fokussierter oder eben »mehr im Körper« seien.

Bei meinem Besuch in der Islandpferdeherde schien mir die Beziehung von Barbara von Morgen zu ihren Pferden ganz besonders innig; alle begrüßten sie aus großer, zugleich sehr achtsamer Nähe, lehnten sich mit ihren Köpfen an und schlossen dabei vertrauensvoll die Augen.

7 Auszüge aus den Patientinnen-Interviews

Es war für mich eine sehr besondere Situation, in den Praxisräumen der Kolleginnen in *ihre* Arbeitsatmosphäre eintauchen zu dürfen. Es gab hohe, weite, relativ sparsam eingerichtete Räume und solche, vor allem die der Kindertherapeutinnen, die mit vielen Materialien und Bildern ausgestattet waren. Manche Praxisräume befanden sich im Haus der Therapeutinnen, andere in einer Praxisgemeinschaft, wieder andere als alleinige Praxis im Orts- oder Stadtkern.

Für die Patientinnen bedeuteten unsere Treffen eine Rückkehr in die Räumlichkeiten, in denen sie ihre Therapien erlebt hatten – teilweise schon eine ganze Weile zurückliegend. Sie wurden zunächst von ihren Therapeutinnen allein ausführlich begrüßt, anschließend wurden wir einander vorgestellt. Wo es möglich war, veränderten wir die Sitzgelegenheiten so, dass sie sich vom früheren Praxissetting unterschieden. Ein kleines Mikrofon, das zur Unterstützung der Smartphone-Aufzeichnung zwischen uns stand, war sehr bald vergessen.

Alle 16 interviewten Patientinnen sind in einer Übersicht im Anhang des Buches mit ihren Diagnosen vor Therapiebeginn bzw. belastenden Lebensereignissen und den behandelnden Therapeutinnen aufgelistet. Die Auszüge aus den Interviews[13] mit den Patientinnen werden, so hoffe ich, auch einen atmosphärischen Eindruck aus den Gesprächen vermitteln.

Meine Auswahl aus den Transkripten orientierte sich an drei thematischen Bereichen:

---

13 Die Textpassagen sind weitgehend wörtlich übernommen, jedoch der besseren Lesbarkeit halber um Wiederholungen und Füllwörter gekürzt.

- das subjektive Erleben der Wirkungen der Pferde;
- modellhafte Erfahrungen im Übergangsraum zwischen Praxis und Außenwelt sowie
- Auswirkungen auf den therapeutischen Prozess und Übertragbarkeit auf reale Lebenssituationen.

Frau H. (42 Jahre), PTBS

(Therapeutin: Marika Weiger)

B. HEINTZ: »Sie sagten, es fällt Ihnen schwer, über die Gründe zur Aufnahme Ihrer Therapie zu sprechen – aber können Sie sagen, wie Sie sich gefühlt haben, wenn Sie bei den Pferden waren?«

FRAU H.: »Bei den Pferden war es freier und offener ... In der Praxis fühlte ich mich unter Druck, etwas sagen zu müssen, worüber ich grade nicht sprechen konnte oder wollte. Bei den Pferden hatte ich den Eindruck, dass sie mich genommen haben, wie ich bin – egal wie meine Stimmung war. Ich hab dann gelernt, den Abstand zu bekommen, der für mich richtig war.«

B. HEINTZ: »Abstand?«

FRAU H.: »Ja, die Entfernung oder die Nähe konnte ich selber bestimmen.«

B. HEINTZ: »War das ein Thema, die Frage von Nähe oder Distanz?«

FRAU H.: »Es war mir am Anfang nicht so bewusst, aber durch die Therapie habe ich es benennen gelernt.«

B. HEINTZ: »Haben Sie denn immer mit dem gleichen oder mit verschiedenen Pferden gearbeitet?«

FRAU H.: »Am Anfang war es Yrija, aber die anderen Pferde waren auch dabei ... und dadurch ergaben sich alle möglichen Situationen, mit allen Pferden in der Herde.«

B. HEINTZ: »Gab es Situationen, an die Sie sich besonders erinnern, die Ihnen besonders wichtig waren?«

FRAU H.: »Es gab viele Situationen, aber vor allem eine, als ich mit dem Pferd alleine in der Halle war, weil die Therapeutin etwas holen musste, und sie es mir zugetraut hat, mit dem Pferd alleine zu bleiben. Das war mit Stygandi.«

B. HEINTZ: »Und was haben Sie da erlebt – wie haben Sie das erlebt?«

FRAU H.: »Ich hatte keine Angst, mit Stygandi alleine zu sein – obwohl er mir einige Monate vorher mal ziemliche Angst gemacht hat.«

B. HEINTZ: »Mögen Sie erzählen, was da passiert ist?«

FRAU H.: »Nein, darüber möchte ich nicht sprechen.«

B. HEINTZ: »Das ist völlig in Ordnung ... Hat denn die gemeinsame Arbeit mit dem Pferd Ihre Beziehung zu Ihrer Therapeutin in irgendeiner Weise beeinflusst oder verändert?«

FRAU H.: »Mit einem Menschen alleine hätte ich gar nicht gewusst, worum es wirklich geht. Das Wichtigste war, dass ich nicht darüber sprechen musste, was in mir vorgeht – wir konnten erst mal nur über die Pferde sprechen. Und wichtig war auch, dass die Therapeutin keine Fragen gestellt hat – und trotzdem haben sich alle wichtigen Themen ergeben. Aber ich konnte oft erst viel später in der Praxis darüber reden, was mit mir los war.«

B. HEINTZ: »Hat sich durch diese Therapie insgesamt etwas für Sie verändert?«

FRAU H.: »Das Gefühl hat gelernt, dass was passieren kann zwischen zwei Menschen, ohne dass es zu meiner inneren Vernichtung führt. Der Kopf hatte das schon gewusst.«

B. HEINTZ. »Wie meinen Sie das?«

FRAU H.: »Ich hab so viele Geschenke bekommen, zum Beispiel, Yrija am Kopf putzen zu dürfen. Und es war auch ein Geschenk, zu lernen, jemanden wegschicken zu können und damit akzeptiert zu werden.«

Anna (20 Jahre), Generalisierte Angststörung, diverse Phobien

(Therapeutin: Anne-Kristin Siemering)

B. HEINTZ: »Mögen Sie vielleicht ganz kurz erzählen, was Sie in die Therapie geführt hat? Was war das Problem, was war das Thema?«

ANNA: »Ja, ich hatte sehr viele Ängste, das war so das Hauptthema, und ich konnte nicht alleine schlafen. Ich brauchte immer jemanden, der bei mir ist, weil ich totale Angst hatte, auch so vor total unrealistischen Sachen, wie irgendwelchen Geistern oder so was. Und dann später auch vor Autofahrten oder Krankenhäusern ... Situationen in der Schule ... die ganzen Menschenmengen, in der Mensa zum Beispiel. Ja, das war so das Hauptthema.«

B. HEINTZ: »Und ist es möglich, in Worte zu fassen, wie Sie sich gefühlt haben, wenn Sie bei den Pferden waren? Vielleicht auch im Gegensatz zu den Stunden, die hier in der Praxis stattgefunden haben?«

ANNA: »Ja, man kommt da hin und man ist vielleicht aufgeregt, weil man etwas macht mit Pferden, wo man vielleicht ein bisschen Angst hat, aber es entspannt einen gleichzeitig auch irgendwie. Man muss auf das Pferd achten und guckt so, wie bin ich drauf, wie ist das Pferd drauf, wird irgendwie bisschen ruhiger, finde ich. Und mit dem Pferd da merkst du halt, wie viele Fortschritte du machst und dass du immer ein Stück weitergehen kannst. Und das besiegt dann auch irgendwann die Angst. Genau. Und vor allem die Momente beim Ausreiten, die fand ich toll.«

B. HEINTZ: »Gab es irgendwann mal eine besondere Situation, an die Sie sich erinnern können?«

ANNA: »Ja, es gab eine Situation, die sehr schön war, und eine, wo ich sehr Angst hatte. Und zwar die, wo ich Angst hatte, da sind wir an der Longe geritten im Kreis, und ich habe dann immer mal wieder probiert zu galoppieren. Das gibt einem natürlich Sicherheit, wenn man dann später sagen kann, ja, jetzt habe ich den Schritt geschafft und noch einen Schritt, vielleicht schaffe ich sogar den nächsten Schritt. Ja, das macht einem schon Mut, würde ich sagen. Es macht einem erst Angst, aber danach Mut.«

B. HEINTZ: »Und hat sich das in irgendeiner Form übertragen lassen auf das echte Leben?«

ANNA: »Ja, so der Umgang mit anderen Leuten, das ging immer besser, aber auch vor großen Aufgaben, wie eine Zahnoperation oder ein Flug mit dem Flugzeug, habe ich dann auch irgendwann geschafft. Wo ich dachte, das schaffe ich niemals. Dann habe ich mir irgendwie kleine Sachen gesucht, die ich dann machen konnte, wo ich mich herantasten konnte, und irgendwann habe ich dann das große Thema geschafft, genau. [...] Man merkt halt, wenn man so zurückblickt, dass man ganz viel geschafft hat, und ich denke, das kommt schon von der Therapie, dass ich dann immer mehr Mut aufgebracht habe, um den nächsten Schritt zu machen. Und jetzt hab ich so eine ganze Menge Schritte ... Ja, jetzt habe ich einen Studienplatz und ziehe in eine andere Stadt.«

Sophie (20 Jahre), Zwangserkrankung

(Therapeutin: Barbara von Morgen)

B. HEINTZ: »Mögen Sie vielleicht in Stichworten kurz erzählen, was Sie in die Therapie geführt hat? Oder was es war, weshalb Sie Frau von Morgen aufgesucht haben?«

SOPHIE: »Genau, ich habe eine Zwangsneurose. Ich habe so viele Rituale und davon sind manche gefestigt. Manche, die ich immer mache, und manche, je nachdem, wie ich gerade so drauf bin, dass ich nervöser bin oder so, mache ich die dann mehr. Steckt viel Verlustangst dahinter irgendwie, dass ich denke, wenn ich das mache, dann passiert nichts. […] Ich brauchte das, dass ich regelmäßig jemanden habe, zumindest zu dem Zeitpunkt, und deswegen war das alles relativ cool, ich habe mich bei der Frau von Morgen gleich wohlgefühlt. Genau, eigentlich fast, vielleicht fast noch wohler als bei dem anderen Therapeuten, weil, wie sie arbeitet, mir mehr zugesagt hat.«

B. HEINTZ: »Können Sie denn sagen, wie Sie sich gefühlt haben, wenn Sie bei den Pferden waren? Vielleicht auch im Gegensatz zu der Therapie in der Praxis? War da irgendetwas anders?«

SOPHIE: »Ich fand es sehr schön, es war meistens auch sehr früh morgens, und dann ging es schon damit los, dass ich, ich mag den Morgen so total gern, es war alles ein bisschen nebelig, es wurde langsam Spätsommer, ich weiß nicht, es sah alles schön aus. Und ich finde es generell sehr beruhigend, auf dem Pferd zu sitzen, so von der Bewegung her. Und ich finde auch einfach das Gefühl, dass man hoch oben ist, sehr schön. Ich finde, dass man sich so ein bisschen mächtiger fühlt irgendwie. Es macht schon viel aus, man sitzt aufrecht, man wird bewegt und man hat aber auch, so im wahrsten Sinne des Wortes, die Zügel in der Hand. […] Und wichtig war für mich, zu merken, dass ich durch ein bisschen Ruhe viel mehr hinkriegen kann, und das beschreibt irgendwie mein ganzes Leben ganz gut. Und dass ich ein Bild dazu gefunden habe, was mir ja schon bewusst war, aber was ich nie für mich benennen konnte – wie ich gerne mehr sein möchte.«

B. HEINTZ: »Und das haben Sie mit den Pferden rausgefunden?«

SOPHIE: »Ja, das war so direkt und so prompt irgendwie. Dass ich wie so ›ein Licht geht an‹ hatte. Das, würde ich sagen, kam schon dadurch, dass es eben mit Handeln zu tun hat. Wenn ich nur im Gespräch bin, bin ich halt oft so, dass ich mich in meinen eigenen Gedanken selbst überschlage, dass ich rede und rede und rede und mir dabei, egal wie viel der Therapeut dann darauf eingeht, mir viele Sachen durch mein eigenes Reden zwar bewusst werden, aber es ist nur so im Denken, halt nie so auf den Punkt gebracht.«

B. HEINTZ: »Mehr im Denken als im Fühlen?«

SOPHIE: »Ja, und deswegen glaube ich schon, dass die Pferdetherapie da auf jeden Fall sehr viel geholfen hat.«

B. HEINTZ: »Weil etwas spürbarer, erlebbarer wird und nicht nur gedacht ist?«

SOPHIE: »Genau, weil ich was mit den Händen mache und weil da die Erinnerung viel lebendiger ist. Ich glaube vor allem, dass ich mich besser daran erinnere – und die Bilder halt … Oder auch mehr so ein Gefühl, das ich mir gemerkt habe in all den Momenten, in denen ich mich wirklich verbunden gefühlt habe mit dem Pferd. Zum Beispiel wenn wir einen Draht zueinander hatten und das Pferd sich bewegt hat, weil ich das möchte, aber ohne dass ich Druck mache. Das war sehr gut, weil ich – das spiegelt mich total wider, dass ich immer viel zu viel möchte und mir immer Druck mache – und dann wie so ein kleines bockiges Kind bin, wenn etwas nicht sofort klappt. Ich habe gemerkt, dass ich nicht gleich hochfahren muss, sondern dass ich mit Ruhe viel mehr hinkriege. Und dass man mit der Ruhe einfach vielleicht auch so ein bisschen Sicherheit ausstrahlt und sich dann auch andere mehr auf einen einlassen können. So, wie ich mich auf das Pferd eingelassen habe und das Pferd sich auf mich eingelassen hat.«

B. HEINTZ: »Verstehe ich es richtig, dass Sie gemerkt haben, dass Sie darauf vertrauen können, dass Sie beim Pferd auch mit kleinen Signalen und ohne Druck etwas bewirken können?«

SOPHIE: »Genau, ja, ich glaube, das war etwas, worüber ich mir unterbewusst bewusst war. Ich konnte es halt nur nicht richtig am Schopf packen, ich konnte es nicht benennen. Ich wusste, dass es etwas mit mehr Ruhe zu tun hat, aber ich brauchte, glaube ich, einfach dieses Bild und dieses Gefühl, diese ruhige Energie zu spüren, und dass sich das auch übertragen kann auf anderes.«

Sabine (24 Jahre), Anorexia nervosa, dissoziative Störung

(Therapeutin: Barbara von Morgen)

B. HEINTZ: »Können Sie so vielleicht in ein, zwei Stichworten sagen, was Sie damals in die Therapie geführt hat?«

SABINE: »Ich war davor in einer Klinik für Essstörungen. Und davor war ich auch schon kurz bei einer Therapeutin. Mit der hat es mir nicht so gut gefallen, und als ich aus der Klinik zurückgekommen bin, bin ich dann zur (lachend) Frau von Morgen gekommen.«

B. HEINTZ: »Okay, danke. Und wie kam es, dass die Pferde in die Arbeit einbezogen wurden? War das Ihr Wunsch oder der Vorschlag von Frau von Morgen?«

SABINE: »Ja, Frau von Morgen hat das vorgeschlagen. Weil sie dachte, das könnte auch mir vielleicht helfen.«

B. HEINTZ: »Können Sie denn versuchen, in Worte zu fassen, wie Sie sich gefühlt haben, wenn Sie bei den Pferden waren, vielleicht auch im Gegensatz zu dieser Situation hier, wenn Sie in der Praxis waren?«

SABINE: »Ja, da konnte ich so relativ fokussiert sein ... Ich bin früher oft mit den Gedanken weg, also, dass ich nicht so im Moment war, sondern dass ich einfach nicht mehr gedacht habe, sondern nur noch ... Ich weiß nicht, kann es nicht so gut beschreiben ... Und das habe ich bei den Pferden immer sehr deutlich gemerkt, dass, wenn das Pferd, mit dem ich gearbeitet habe, dann auch irgendwie abgedriftet ist oder nicht mehr so mit mir gearbeitet hat oder wir nicht mehr so gut zusammen harmoniert haben.«

B. HEINTZ: »Und das hat Ihnen, wenn ich Sie richtig verstanden habe, das hat Ihnen geholfen, anwesend zu bleiben und sich zu fokussieren, sich mehr auf den Moment zu konzentrieren?«

SABINE: »Ja!«

B. HEINTZ: »Und war das mit den Pferden leichter, hat das Pferd sozusagen mehr dazu eingeladen, sich zu fokussieren, als das hier in der Praxis möglich war?«

SABINE: »Ja. Weil, da habe ich es direkt an den Auswirkungen gespürt, wenn ich gerade nicht im Moment war, sondern mit den Gedanken geträumt habe oder gar nicht da war. Hier in der Praxis merke ich das zwar auch, aber nicht so direkt. Dann ist es, dass irgendwie eine Pause entsteht, aber bei den Pferden ist das Pferd dann einfach zur Seite gelaufen und war einfach nicht mehr so ganz bei mir. Also, bei den Pferden kam halt nicht so der Input durch ein Gespräch, sondern eher durch die Resonanz der Pferde, wie die Pferde auf mich reagiert haben.«

B. HEINTZ: »Was ist das für eine Art von Resonanz, die Sie erlebt haben? Ich meine, Sie kriegen ja auch von Ihrer Therapeutin, von einem Menschen, Resonanz, aber eine andere Art von Resonanz. Und können Sie versuchen, das zu beschreiben, wie Sie die Resonanz der Pferde oder des Pferdes erlebt haben?«

SABINE: »Ich habe immer nur mit einem Pferd gearbeitet von Anfang an. Und das war auch irgendwie immer klar, dass ich immer mit ihm gearbeitet habe. Er kam auch immer direkt, wenn ich gekommen bin. Ich kannte ihn dann am Ende ganz gut eigentlich, aber es war auch immer so eine Verbindung da, so, dass immer Kautür und ich zusammen gegangen sind. Er war, glaube ich, lange Zeit der Jüngste und ist so ein bisschen der, der immer versucht hat, jemand zu finden, der noch mit ihm spielen kann. Er war der Verspielteste von allen. Und genau, es war einfach so schön, einfach (lachend) schön, mit ihm zu arbeiten. Es war einfach gut zu reiten oder mit ihm zu laufen. Und ja, eben danach war ich einfach wieder ein bisschen ruhiger.«

B. HEINTZ: »Gab es irgendwann mal eine besondere Situation, an die Sie sich erinnern können?«

SABINE: »Hinter ihrem Haus sind ja nur noch Felder. Und da sind wir dann rausgegangen, so ein bisschen, ich bin geritten, hier draußen. Ich musste danach für einige Wochen ins Ausland.«

B. HEINTZ: »Hm. Und Frau von Morgen hat das Pferd geführt?«

SABINE: »Teils, teils, ich hab mich dann auch mal getraut, alleine rauszugehen mit ihm, und das war irgendwie so ein schöner Moment.«

B. HEINTZ: »Sie sind rausgegangen ins Ausland (lacht) und haben sich rausgewagt mit dem Pferd?«

SABINE: »Ja!«

B. HEINTZ: »Hat sich denn irgendetwas von dem, was Sie jetzt erzählt haben, ausgewirkt auf Ihre weitere Therapie oder auf Ihr Leben überhaupt?«

SABINE: »Ich merke, dass ich generell nicht mehr so viel abschweife wie früher. Da war es aus jetziger Sicht schon extrem, dass ich oft gar nicht mehr da war. Nur mein Körper, aber mein Kopf war irgendwie weg. Und da denke ich schon, dass das viel auch mit der Arbeit am Pferd zusammenhing, dass ich das einfach bewusster gespürt habe.«

Frau A. (52 Jahre), Generalisierte Angststörung

(Therapeutin: Barbara von Morgen)

B. HEINTZ: »Sie haben nach der vorausgegangenen Gesprächstherapie die Initiative ergriffen und wussten, dass es bei Frau von Morgen möglich ist, mit Pferden zu arbeiten?«
FRAU A.: »Ja, ich habe zwar ganz fürchterliche Angst vor Pferden, aber ich liebe sie trotzdem. Ich mag so gerne Pferde. Und ich habe gedacht, wenn mir das richtig Spaß bringt, dann kann ich das schaffen. Und dann haben wir das zusammen ausprobiert.«
B. HEINTZ: »Das war ja dann ein mutiger Gedanke!«
FRAU A.: »Ja, zumal damals, als ich noch in der Gesprächstherapie war, konnte ich nicht mit dem Auto fahren. Also, ich konnte nicht Auto fahren, mein Mann musste mich immer bringen. Und ich weiß jetzt noch, dass Frau von Morgen damals sagte: ›Ja, und wie wollen Sie jetzt nach K. kommen? Sie fahren doch nicht Auto.‹ Und da habe ich gesagt: ›Wenn ich das total toll finde, dann schaffe ich das schon.‹ Und ich bin dann auch Auto gefahren (lacht).«
B. HEINTZ: »Ja, toll (lacht). Das ist ja schön. Und Sie hatten gar keine Vorerfahrungen mit Pferden?«
FRAU A.: »Überhaupt nicht, aber ich mochte Pferde schon immer. Und ich fand es so schade, dass ich solche Angst habe. Aber ich bin nie vorher in Berührung mit Pferden gekommen.«
B. HEINTZ: »Können Sie sagen, wie Sie sich gefühlt haben, wenn Sie bei den Pferden waren, in der Nähe der Pferde waren, vielleicht auch im Gegensatz zu der gewohnten Situation in der Praxis?«
FRAU A.: »Ich kann erstens sagen, dass ich gleich gefühlt habe, dass der Kontakt zur Therapeutin auf eine normalere und natürlichere Art stattfindet, in ihrem natürlichen Umfeld. Ja, so dieses – gut, bei der Therapie haben wir uns schon gegenüber gesessen, aber beim Reiten ist es ja dann doch anders. Und wir sind dann beide irgendwie gleich.«
B. HEINTZ: »Näher, weniger distanziert?«
FRAU A.: »Ja, das hört sich jetzt vielleicht ein bisschen merkwürdig an, aber wir waren irgendwie gleicher, hatte ich das Gefühl. Und mit den Pferden, obwohl ich solche Angst hatte, habe ich aber immer, am meisten haben mich die Augen fasziniert von den Pferden. Und ich habe natür-

lich immer trotz der Angst die Nähe einerseits gescheut, aber wenn ich dann mal nahe am Pferd war und das blieb still stehen und war lieb, dann habe ich das wirklich genossen, den Geruch vor allen Dingen.«

B. HEINTZ: »Na ... trotzdem noch mal die Frage, was so Sie selber angeht: Wie haben Sie sich gefühlt? Anders, wenn Sie bei den Pferden waren, als in der Praxis? Oder war es gar nicht anders?«

FRAU A.: »Doch, es war schon sehr anders. Meine Angststörung war sehr heftig, mir ging es sehr, sehr schlecht. Eine ganz lange Zeit. Und das ist ... man kann es so beschreiben: Ich fühlte mich oft so, als wäre ich das erste Mal nach einer fünf Wochen langen Grippe aufgestanden. So schwach und der ganze Körper einfach auch geschwächt. Aber, wenn ich zum Beispiel dann das Pferd geputzt habe, das habe ich total genossen. Ich war einfach so zufrieden und so glücklich, dass ich den Pferden jetzt so nah kam. Das hatte ich mir ja vorher auch nie vorstellen können. Die Gesprächstherapie und die Reittherapie waren wirklich zwei völlig verschiedene Dinge. Ich musste eine halbe Stunde mit dem Auto ungefähr nach Hause fahren und behielt die Reitsachen dann auch noch an, bis ich dann mittags kochen musste, behielt ich die an. Und habe das richtig genossen. Und dann war ich auch noch so glücklich, weil ich es geschafft hatte, trotz der Angst.

Dann habe ich das so Revue passieren lassen und gedacht, meine Güte, heute bist du, was weiß ich, ausgeritten, und über Hindernisse, und ..., toll. Da war ich dann stolz, ich hatte es geschafft, trotz der Angst. Ich wundere mich ja selbst, dass ich damals überhaupt auf die Idee gekommen bin, eine Reittherapie zu machen. Aber ich hatte zu Frau von Morgen eben auch ein großes Vertrauen aufgebaut und habe gedacht, ja, wenn sie dabei ist, kann ja eigentlich nichts passieren. Und deswegen habe ich es dann gewagt. Ja, ich habe sehr davon gezehrt, ich habe von dieser Stunde dann auch die ganze Woche über gezehrt. Und irgendwann, sehr viel später – sie ist immer neben mir hergegangen, Frau von Morgen – und irgendwann hat sie dann Glofaxa an der Leine geführt. Und irgendwann sind wir dann eben beide rausgeritten. Und das war natürlich für mich unglaublich.«

B. HEINTZ: »Und da waren Sie nicht mehr gekoppelt? Ihr Pferd war nicht mehr an der Leine?«

FRAU A.: »Nein, dann waren wir beide allein. Beide alleine. Und das war natürlich die absolute Herausforderung. Weil, Frau von Morgen hätte ja immer – ich hoffe jedenfalls, sie wäre zu mir gestürzt, wenn (lachend) irgendwas gewesen wäre. Aber wenn sie selbst im Sattel sitzt, sieht die Sache natürlich anders aus. Und da war ich ja ein bisschen mehr auf mich gestellt. Und das war aber bis zuletzt so, wir hatten ja verschiedene Runden, und kaum hatten wir die Hälfte erreicht, dann fiel mir einfach ein großer Stein vom Herzen, und ich wurde immer ein bisschen lockerer. Also, mir ging es immer ein Stückchen besser. Immer auf dem Heimweg.«

B. HEINTZ: »Sie haben sich selbstständig reitend wegbewegt, und durften dann auch wieder in den sicheren Hafen –.«

FRAU A.: »Ja. Da sind wir durch so unwegsames Gelände, wo ich noch nicht mal mehr den Weg sehen konnte. Das ist für mich nicht unbedingt gut geeignet, wenn das so mit Gras überwuchert ist und man den Weg nicht mehr sehen kann. Weil das ja auch ein bisschen holprig werden kann, und da sind wir durch das Gelände geritten, und nichts konnte mich davon abhalten. Ja, das war die letzte Stunde.

Na ja, durch die Reittherapie bin ich auf jeden Fall gesund geworden. Es hat mir sehr gut getan. Die Angststörung ist ... man hat ja immer noch mal so ein paar Nachwirkungen, das ist ja ganz normal. Aber ich kann schon meinen Alltag auch alleine bestreiten. Das konnte ich damals ja nicht.«

B. HEINTZ: »Ja, das klingt so, als wäre die Angst ein Stück weit in den Hintergrund getreten? – Oder sogar ausgeblieben?«

FRAU A.: »Ausgeblieben. Ja. Anders kann ich das nicht sagen.«

Frau M. (42 Jahre), PTBS, Selbstverletzung, dissoziative Störung

(Therapeutin: Ilka Parent)

B. HEINTZ: »Mögen Sie mir vielleicht kurz erzählen, was Sie in die Therapie geführt hat?«

FRAU M.: »Flashbacks, die ich nicht regulieren konnte zu meinem Haupttrauma, dass ich mit acht Jahren dabei war, als meine kleine Schwester an der Bushaltestelle vom Schulbus überfahren wurde. Und ich habe im Alltag Schwierigkeiten. Ich habe mich immer ganz gut durchgehangelt mit meinem Willen. Aber ich habe immer wieder Situationen ganz anders erlebt als die Umwelt. Und seit ich in einer Beziehung bin, ist das deutlich geworden, dass ich ein größeres Problem habe, als mir bewusst war.«

B. HEINTZ: »Können Sie sagen – ich weiß, dass das eine schwierige Frage ist, aber können Sie versuchen, es in Worte zu fassen, wie Sie sich gefühlt haben, wenn Sie bei den Pferden waren?«

FRAU M.: »Also ich bin da ganz anders – ich bin wieder angebunden an das Leben. Das kann kein Psychotherapeut ersetzen. Das Pferd bedeutet für mich eine Verbindung zur Natur, aus der ich mich rausgefallen fühlte. Diese Verbindung, die Liebe zu den Tieren und zur Natur und auch die Sehnsucht, da wieder zurückzukommen in diese Einheit, so kann ich das fühlen, das wird mir mit dem Pferd möglich. Es ist eben alles konkret. Natürlich übertrage ich das auf meinen Alltag. Aber dieses Erleben, das ist eben nicht nur über den Kopf, sondern ich habe das Gefühl, das ist wie so in mir drin und das schlägt Wurzeln und wächst und wächst.«

B. HEINTZ: »Hat sich durch die Therapie etwas für Sie verändert?«

FRAU M.: »Ja, was definitiv so ist: Ich habe, seit ich die Therapie begonnen habe, nur noch ein, allerhöchstens zwei Mal dieses autoaggressive Verhalten gehabt. Und das eine Mal war auch nur ein ›Ich würde es gerne jetzt machen‹, habe es aber nicht gemacht. Und beim zweiten Mal war es auch nur die verbale Androhung. Das heißt, das ist genau das Brand- und Feuerthema Nummer eins. Ich glaube, ich werde stabilisiert, genährt, erkenne vieles an mir selbst. Und ich habe das Gefühl, ich komme deutlich schneller voran jetzt, seit ich diese Psychotherapie mit dem Pferd aufgenommen habe. Ich finde, das ist ein Riesen-Selbstentwicklungsbeschleuniger.«

Herr C. (43 Jahre), PTBS nach Auslandseinsatz

(Therapeutin: Ilka Parent)

B. HEINTZ: »Mögen Sie kurz erzählen, was es war, was Sie in die Therapie geführt hat?«

HERR C: »Das ist auch eine längere Geschichte. Also ich bin Soldatenkind, mein Vater war Berufsoffizier, am Schluss im Generalsrang. Da spielt auch noch Geheimdienst eine Rolle bei ihm mit, wo er in verschiedenen Funktionen war. Ich bin dann selber Soldat geworden, war sieben Jahre Soldat und auch Offizier, war in Bosnien im Einsatz. Ein Jahr nach dem Krieg, wir waren die Ersten, die dann auch nicht nur Patrouillen oder Transporte begleitet haben, sondern tatsächlich vor Ort Patrouillenaufgaben durchgeführt haben, Überwachung von Abrüstungsmaßnahmen, Schlichtung zwischen den Einheimischen, das ganze Programm. Mit allen Unsicherheiten, die das bedingte. Habe dort im Einsatz eine Situation erlebt, wo ich zwischen meinen Vorgesetzten und meine Soldaten geraten bin, wo ich beiden eigentlich nicht recht gerecht werden konnte. Gerechnet hatte ich mit so etwas prinzipiell, ich habe aber nicht damit gerechnet, in welcher Wucht mich das treffen würde, in diesem Stressszenario.«

B. HEINTZ: »Können Sie versuchen, in Worte zu fassen, wie Sie sich fühlen, wenn in der Therapie die Pferde bei Ihnen sind?«

HERR C: »Ein Pferd scannt die Umgebung anders, tendiert nicht zum nach vorne Rausgehen, sondern im ersten Moment steht es, spitzt die Ohren, und nur wenn sehr schnelle Bewegungen irgendwo sind, die es nicht einordnen kann, kommt erst mal zumindest ein Kurzstreckenfluchtimpuls rein. Da fühle ich mich gut aufgehoben, ich krieg mit, was um mich rum ist, ich krieg mich selber auch mit ... Dinge, die unterschwellig bei mir laufen, die ich sonst nicht so voll im Fokus habe. [...] Ich weiß, es tut mir gut, ich merke das, dass meine Angespanntheit und Atmung runter gehen, und das spüre ich mittlerweile wieder deutlich. Das war lange Zeit, auch unter dieser generellen körperlichen Anspannung mit Rückenschmerzen und allem Drum und Dran, sehr zugeschüttet. Ich merke auch, dass, wenn wir dann in einer therapeutischen Arbeit sind und es um angespannte Dinge geht, dass ich mich schneller einregeln kann, wenn das Pferd dabei ist, weil das Pferd sich unter Umständen von mir nicht irritieren lässt, entspannt bleibt oder einfach nur Abstand sucht, um davon nicht erfasst zu werden.«

B. HEINTZ: »Gibt es denn eine Szene oder eine Sequenz, an die Sie sich ganz besonders erinnern können?«

HERR C: »Ja, in einer der Stunden ging es um Grenzen. War dann der Entschluss, ich probiere das jetzt mal aufzubauen. In den Sand gestellt, einen Kreis drum rum gezogen und Aufgabe war dann, das Pferd in Bewegung zu halten, ohne dass es in diesen Kreis reinkommt, die Grenze respektiert, ohne frontal zu werden oder dass die Situation zum Stillstand oder zu Abwehrverhalten kommt. Ja, die Vorstellung war toll. Am Ende sah das so aus, dass alles rund um meine Grenze komplett zertreten war, das Pferd entweder bei mir war, um zu kuscheln oder irgendwas anderes zu machen, oder weit außerhalb stehen blieb oder auf jeden Fall nicht das passierte, was die Idee des Ganzen war. Erkenntnis war am Ende, dass es für mich ein neues Konzept braucht, nach außen deutlich zu machen, wo geht es an meinen Grenzbereich ran, wann sind wir im Grenzbereich und wann ist die Grenze überschritten. Und zwar so, dass es für andere auch wahrnehmbar wird. Für mich wurde dann wirklich deutlich, was mir vorher auch nicht so bewusst gewesen ist, dass ich eigentlich in meiner Sozialisation mit diesem militärischen Denken, weil das auch die Spielregeln in der Familie waren, so klar aufgewachsen bin, dass mir nie bewusst war, dass das, was ich an Begrifflichkeiten da verwende, eine Übersetzung braucht.«

Marilyn (32 Jahre), PTBS, Panikattacken

(Therapeutin: Ilka Parent)

B. HEINTZ: »Wenn das möglich ist, können Sie sagen, wie Sie sich fühlen, wenn die Pferde dabei sind? Also auch im Gegensatz zu der Situation hier in der Praxis. Was verändert sich innerlich für Sie?«

MARILYN: »Manchmal kann es in der Praxis dazu kommen, dass ich nicht wirklich präsent bin. Ja, dass ich nicht wirklich hier bin. Im Gegensatz dazu mit den Pferden, die sind unterstützend, sodass man gezwungen ist – ich möchte nicht wirklich sagen, gezwungen, aber es führt dazu, dass man mehr auf sich selbst konzentriert ist.«

B. HEINTZ: »Und hat die Tatsache, dass das Pferd dazukam, ihre Beziehung zu ihrer Therapeutin verändert?«

MARILYN: »Ich weiß es nicht. Ich glaube nicht. Ich halte die beiden Situationen eher getrennt, weil, wenn wir mit dem Pferd zusammen sind, dann geht es mehr um mich und das Pferd.«

B. HEINTZ: »Ja, weil Ihre Therapeutin nicht so sehr mitagiert, sie ist sehr im Hintergrund, oder?«

MARILYN: »Genau.«

B. HEINTZ: »Gibt es denn eine Szene, eine Situation, die Ihnen besonders wichtig war, die Sie besonders berührt hat in der Arbeit mit dem Pferd?«

MARILYN: »Mit Amin ist es vor allem die Verbundenheit, die da ist – und die Synchronisierung. Er ist so intuitiv, manchmal wenn ich ausatme, einen tiefen Seufzer mache, dann folgt innerhalb kurzer Momente auch ein Seufzer vom Pferd. Das fand dreimal hintereinander statt, dass ich ausgeatmet habe und das Pferd dann auch so tief ausgeatmet hat, das ist drei Mal hintereinander passiert in dieser einen Stunde.«

B. HEINTZ »Ist es das, dass das Pferd wirklich so in der Tiefe mitschwingt mit Ihnen?«

MARILYN: »Ich würde das gerne so hoffen und ich würde das gerne so glauben. Es klingt vielleicht sehr selbstbezogen, aber ja, ich denke vielleicht ist es die Energie, ja, ich möchte das gerne glauben.«

B. HEINTZ: »Wäre es möglich, dass Sie Ihre Beziehung zu Amin beschreiben? Wie würden Sie sie beschreiben?«

MARILYN: »Ich weiß es nicht, es ist geheimnisvoll, es hat fast etwas Spirituelles ...«

B. HEINTZ: »Hat sich denn etwas von dem, was Sie erlebt haben, erfahren haben in der Arbeit mit dem Pferd, ausgewirkt auf Ihre Therapie oder auch auf Ihr Leben?«

MARILYN: »Ja. Meine Panikattacken sind besser geworden. Schon während der ersten Stunde mit dem Pferd kam es dazu, dass ich fast eine ... ich fing an, eine Panikattacke zu haben, aber ich war in der Lage dazu, mich selbst runterzuregulieren. Das war das erste Mal, dass ich wirklich in der Lage war, mich selbst zu regulieren, ohne ein Medikament zu nehmen.«

B. HEINTZ: »Und konnten Sie das übertragen auch auf spätere Situationen außerhalb?«

MARILYN: »Ja.«

Frau Sch. (52 Jahre), Generalisierte Angststörung, Panikattacken (zunächst Familienintervention)

(Therapeutin: Angelika Rückl-Kast)

B. HEINTZ: »Und mögen Sie vielleicht ganz kurz erzählen, was Sie in die Therapie geführt hat? Sie waren zunächst als Familie hier, nicht wahr?«

FRAU SCH.: »Unser Problem war, der Max (9 Jahre) ist nach den Osterferien nicht mehr in die Schule gegangen. Wir wussten nicht genau, wieso, weshalb. Er hat sich einfach verweigert, massiv, mit Treten, Spucken, es war ihm schlecht. Ja, und dann wussten wir keinen Rat, und sind zum Kinderarzt. [...] In der Zeit war ich schon in Behandlung wegen Panikattacken und Angstzuständen bei einer anderen Psychologin, und die kannte die Frau Rückl-Kast. Und so sind wir dann hierhergekommen. Da war sehr viel Glück dabei, weil wir halt von der Kinderpsychiaterin schon eine Einweisung in die Klinik hatten für den Max, weil, sie wusste sich nicht zu helfen, die wollte das einfach mit Medikamenten behandeln und ihn wegschließen.«

B. HEINTZ: »Und wie lange hatten Sie schon mit Angstzuständen und Panik zu tun?«

FRAU SCH.: »Das hat ungefähr so, würde mal sagen, ein bis zwei Jahre vorher angefangen.«

B. HEINTZ: »Und dann war es, glaube ich, so, dass Sie eine Krisenintervention in den Sommerferien hatten?«

FRAU SCH.: »Vier Wochen, ja. Viermal in der Woche waren wir dort, mit der ganzen Familie. Teilweise war der Max dann allein, wir waren außen vor. [...] Ich habe am Anfang Respekt gehabt. Das sind große Tiere und der Diego ist auch groß, und sich so mit dem Pferd in diesem Raum zu bewegen, nicht zu wissen, was da auf uns zukommt, da war ich dann schon eher ängstlich. Das hat sich aber recht schnell dann verändert, ja, es war schön, wir haben uns dann schon gefreut auf die Stunde. Weil, ich kann es Ihnen nicht so richtig beschreiben in Worten, wie das ist, wenn man da hinkommt. Ich hatte das Gefühl, er versteht, wie es mir geht. [...] So empfinde ich das, ja genau. Und dann habe ich die Angst überwunden, als ich mit ihm gearbeitet habe, ihn dann geführt habe. Man spürt direkt, wenn man nicht klar bei der Sache ist, reagiert er gar nicht. Und das ist jetzt so ein großer Unterschied zu der normalen Psychotherapie, die ich ja auch erlebt habe, wo man einfach viel redet und schon Hilfestellungen bekommt, aber dieses direkte Feedback hat man ja dort nicht. Ja, und das habe ich halt mit dem Pferd. Und ich denke, Max ging das wahrscheinlich auch so. Er hat einfach dieses Selbstbewusstsein bekommen, als er gemerkt hat, ich kann das – und souveräner, als ich erwartet habe. Ich hätte nie gedacht, dass dieser kleine Zwerg sich da draufsetzt und ihn führt und klare Kommandos gibt. Ich habe da ein ganz anderes Kind gesehen.«

B. HEINTZ: »Was glauben Sie, war es, was das Pferd Ihnen gegeben hat, was in der normalen Therapie, im Gespräch, in der Praxis nicht möglich ist? Oder was ist es, was sozusagen dazukommt mit dem Pferd?«

FRAU SCH.: »Das direkte Erfolgserlebnis! Für uns ist sofort zu sehen, ich bin jetzt klar, ich bin bei mir. Und Max weiß, das ist mein großes Problem, dieses Klare und deutlich zu sagen, wirklich, ich will das. Das Schwanken war immer mein Problem, was auch für den Max dann ein Problem wurde, weil ich so unentschlossen war, und er dann hat entscheiden müssen, oder dachte, er muss für mich entscheiden. Das hat uns dann wohl auch in diese Situation gebracht. Das zu lernen, das ist jetzt meine Aufgabe. [...] Es ist ganz unterschiedlich, was wir mit dem Pferd machen, aber das fasziniert mich schon, wie ich mich tatsächlich – wie ich mich verändere. Ich habe gerade so eine Stunde gehabt, da ging es mir ganz schlecht emotional, und dann bin ich auf seinem Rücken gesessen und war am Anfang noch ganz unsicher und hatte auch gar keinen Kontakt zu ihm, weil ich mich irgendwie auch gar nicht darauf eingelassen habe. Aber dann wurde das von Minute zu Minute besser und ich bin dann so – ja, geerdet. Er hat das sicher gespürt, ich habe dann auf einmal keine Angst mehr gehabt. Ich hätte ewig da sitzen können und zum Schluss konnte ich mich wirklich loslassen. Ich bin dann nach Hause und fühlte mich super. (Lachen) Ich kann es leider nicht anders sagen. Ich habe schon in den ersten vier Wochen, wo wir da so intensiv waren, für mich gemerkt, das ist was, was mir hilft, mit meinen Ängsten und mit dem was mich belastet. Diese vier Wochen waren für mich genauso wichtig wie für den Max.

B. HEINTZ: »Hat sich das denn auch auf Ihren Alltag ausgewirkt in irgendeiner Form?«

FRAU SCH.: »Also, mein Leben hat sich jetzt wieder so weit verbessert, dass ich mich jetzt alles wieder traue und alles wieder machen kann. Es gibt immer wieder Rückschläge, klar, aber mir geht es so gut, wie schon lange nicht mehr.

B. HEINTZ: »Ja, wie schön! Und was ist es so, was Sie sich jetzt wieder trauen? Gibt es Beispiele dafür?«

FRAU SCH.: »Ja, so ganz konkrete Sachen wie weggehen, mit Freunden treffen, ich kann die Leute ansprechen. Überhaupt ... auch heute hierherzukommen, zum Interview, und mich nicht vorher fast zu übergeben vor lauter Angst, was auf mich zukommt, und zu sagen, okay, jetzt warten wir mal ab, was passiert, und ich lass es mal auf mich zukommen.«

B. HEINTZ: »Klingt nach Mut gewonnen?«

FRAU SCH.: »Ja, richtig und vor allem halt auch für daheim, das umzusetzen mit Max, weil, das möchte ich nicht noch mal erleben. Und auch für ihn muss ich ja klar sein, er muss ja seinen Weg auch gehen.«

Frau E. (58 Jahre), PTBS

(Therapeutin: Angelika Rückl-Kast)

B. HEINTZ: »Mögen Sie mir erzählen, wie es kam, dass Sie begonnen haben, mit den Pferden und mit Frau Rückl-Kast zu arbeiten?«
FRAU E.: »Ich war in der Kur und da haben sie mit Pferden gearbeitet. Ich selber war nicht dabei, aber da hat es angefangen, mich zu interessieren. Das war eine psychotherapeutische Klinik, und ich bin zwar nur einmal mit einem Pferd spazieren gegangen, aber das hat mich schon sehr berührt. Ich war vorher bei einer Körpertherapeutin, da habe ich gedacht, das wäre vielleicht das Nächste, was ich ansteuere ... mit einem Pferd. Ich habe selber einen Hund gehabt, wir hatten auch ein gutes Verhältnis, aber das mit den Pferden, das hat irgendwie nochmal was viel Tieferes, habe ich dann festgestellt. Schon die erste Begegnung mit dem Diego, das war so, der hat mich in den Finger gezwickt, aber nicht irgendwie bösartig oder so, sondern er hat mich halt ins Hier und Jetzt geholt und dafür gesorgt, dass ich einfach so richtig zu mir gekommen bin.«
B. HEINTZ: »Sie waren nicht so ganz anwesend?«
FRAU E.: »Ja, manchmal bin ich halt so ein bisschen durcheinander, und der hat mich da so aufgefordert, jetzt komm mal hierher, wir sind jetzt hier, und das war eigentlich so eine bleibende Erfahrung. Das hat mich sehr berührt, mir sind dann auch die Tränen gelaufen. Das erste Mal, dass er mich gleich so gesehen hat, er kennt mich ja irgendwie.«
B. HEINTZ: »Er kennt Sie?«
FRAU E.: »Ja. Wie soll ich das sagen? Ich spüre schon eine große Nähe zu ihm. Angst habe ich keine, manchmal schaut er ja auch nur, oder dann legt er sich auch mal hin und wälzt sich, und dann spüre ich, dass er mir ja auch großes Vertrauen entgegenbringt. Ja, da war dann noch so eine andere Situation, wo ich ihn nur berührt habe, da habe ich mich selber sehr stark gespürt, aber auch das Pferd. Eigentlich waren wir da alle drei sehr berührt.
B. HEINTZ: »Sich selber mehr gespürt?«
FRAU E.: »Sagen wir, ich habe Probleme damit, dass ich mich selber spüre. Das Körperliche spüre ich gut, aber so nach innen zu kommen, fällt oft schwer, aber durch das Pferd geht es besser. Ja, da komme ich mir selber näher.«

B. HEINTZ: »Sie berühren das Pferd mit Ihren Händen und spüren das Fell, spüren den Atem, die Wärme?«

FRAU E.: »Ja, genau, den Herzschlag, je nachdem.«

B. HEINTZ: »Und das hilft Ihnen sozusagen, auch in sich selber hineinzuspüren? Geht es da mehr um Ihre Gefühle, um Ihre Empfindungen, oder geht es mehr darum, auch Ihren Körper zu spüren?«

FRAU E.: »Nein, eher um die Empfindungen, Traurigkeit oder Fröhlichkeit oder was es gerade halt mit einem selber macht.«

B. HEINTZ: »Und jetzt sind Sie ja aber nur einmal in der Woche bei den Pferden – können Sie dieses Gefühl übersetzen? Können Sie sich das mitnehmen?«

FRAU E.: »Ja, ich versuche es zu integrieren und auch bei meinen Kindern sind dann die Umarmungen anders. Ich versuche das schon auch mit in den Alltag zu nehmen, wenn ich die Möglichkeit habe.«

B. HEINTZ: »Sie sagen, es ist anders, wenn ich die Kinder umarme. Gibt es noch andere Bereiche, wo Sie das mit hineinnehmen können?«

FRAU E.: »Ich empfinde mich manchmal nicht mehr so fahrig. Also, ich spüre, dass ich immer mehr bei mir sein kann und – wie soll ich Ihnen das erklären – dass ich halt einen gewissen Abstand zu anderen haben kann. Vorher war das einfach anders. Ich war immer mehr bei dem anderen, als bei mir selber.«

Frau F. (54 Jahre), mittelgradige bis schwere Depression (zunächst Familienintervention)

(Therapeutin: Angelika Rückl-Kast)

B. HEINTZ: »Sie kamen ja zunächst wegen Ihres Sohnes zu Frau Rückl-Kast, ist das richtig?«

FRAU F.: »Mein Sohn hatte, als er in die Schule kam, noch fast nicht gesprochen. Also, mein Sohn ist geistig behindert, er hat das Down-Syndrom. Wir hatten, als er drei Jahre alt war, angefangen mit diesen einfachen Gebärden. Da haben sie gesagt: ›Nein, das stimmt nicht, der versteht alles, der will nur nicht!‹ Und so ist er lange, lange behandelt worden von der Schule als dieses unwillige Kind. Und mit der Zeit, irgendwann hat die eine Lehrerin auch gesagt: ›Die anderen Kinder werden ihn schon zurechtstutzen.‹ Und mit der Zeit ist mein

Sohn immer aggressiver geworden. Da wurde sein Level dann immer höher.«

B. HEINTZ: »Sein Aggressionslevel?«

FRAU F.: »Ja, so dieses, dass er sich sehr schnell angegriffen gefühlt hat und gemeint hat, er müsste sich wehren. [...] Und dann wollten sie ihn mit der Polizei in die Psychiatrie schicken, und ich habe gesagt: ›Nein!‹, und habe ihn dann heimgeholt. Sein Zustand war damals so, dass wir noch nicht einmal an dieser Einrichtung vorbeifahren durften; wenn er dieses Gebäude gesehen hat, dann ist er im Auto auf Tauchstation gegangen. Und später hat er dann erzählt, er muss groß und stark werden, um nie wieder von starken Männern auf den Boden gedrückt zu werden und nicht mehr aus der Nase bluten zu müssen. Das war ungefähr der Zustand meines Sohnes, als er zu Frau Rückl-Kast kam.«

B. HEINTZ: »Was denken Sie, wie haben Sie das erlebt, war der Beitrag der Pferde oder des Pferdes für den therapeutischen Prozess Ihres Sohnes? Was glauben Sie, hat das Pferd da hineingegeben?«

FRAU F.: »Extrem ausschlaggebend, da mein Sohn sich ja immer mit Tieren auch identifiziert. Die Tiere sind seine Brüder und Schwestern und was weiß ich, es war sehr ausschlaggebend. [...] Das Pferd hat ganz viel nonverbale Kommunikation reingebracht. Die Art der Verständigung zwischen dem Pferd und meinem Sohn, das war der Wahnsinn. Ja, mein Sohn ist mehr ein Augenmensch, er lebt sehr vom Fühlen her, da war eine Kommunikation da, die ein Mensch fast nicht mehr hinkriegt.«

B. HEINTZ: »Wie hat das Pferd mit Ihrem Sohn kommuniziert und wie Ihr Sohn mit dem Pferd? Was war das, was Sie beobachten konnten?«

FRAU F.: »Durch Körpersprache einfach, wenn mein Sohn getrommelt hat und das Pferd kam her und hat quasi mitgemacht; es hat so ein Stöckchen ins Maul genommen und mitgespielt. Das war einfach eine Art der Verständigung, einfach etwas ganz Besonderes. Ich kann es gar nicht so beschreiben ...«

B. HEINTZ: »Glauben Sie, dass Ihr Sohn sich auf dieser Ebene der Körpersprache von dem Pferd besser verstanden gefühlt hat, als er das sonst mit Menschen erlebt?«

FRAU F.: »Ja, auf alle Fälle. Aber ich denke, es ist noch mehr. Es war einfach eine besondere Verbindung. Das Pferd hat ihm Sicherheit vermittelt, er ist viel sicherer, souveräner geworden. [...] Als wir Eltern dann mit dem Pferd gearbeitet haben, war das Pferd ein absoluter Spiegel, der uns genau gezeigt hat, mir jedenfalls, die Sachen der letzten zwei Jahre, die haben dich ja viel mehr mitgenommen, als du gedacht hast, die haben dir ja viel mehr Kraft und Sicherheit geraubt.«

B. HEINTZ: »Sie haben gerade angefangen, auch von sich zu sprechen, haben gesagt, das Pferd hat Ihnen gespiegelt, dass die letzten zwei Jahre Sie viel Kraft gekostet haben. Wie haben Sie das gemerkt? Also was hat das Pferd gespiegelt?«

FRAU F.: »Das Pferd hat mir gezeigt, wie unsicher ich geworden bin.«

B. HEINTZ: »Wie hat es Ihnen das gezeigt?«

FRAU F.: »Einfach darüber, dass, wenn ich sicher bin, dann kann ich dem Pferd sagen: ›Los!‹, wenn ich unsicher bin, dann kann ich es dem Pferd auch sagen, aber das Pferd sagt: ›Öh‹.«

B. HEINTZ: »Also, es ist Ihnen nicht gefolgt?«

FRAU F.: »Am Anfang habe ich absolut gemerkt, hoppla, die Stärke, die ich hatte, noch vor ein paar Jahren, die ist mir abhandengekommen. Diese Souveränität, die ist mir abhandengekommen, das hat das Pferd mir eigentlich gezeigt. Nach einiger Zeit ist das Pferd dann doch mitgekommen. Mir ist das einfach dadurch bewusst geworden, dass ich nicht konzentriert, nicht wirklich präsent war, in dem Sinne hat es mir eigentlich ziemlich viel gebracht.«

B. HEINTZ: »Ja, es ist ja eigentlich eine angemessene Reaktion. Wenn man unklar ist in der Aufforderung dem Pferd gegenüber, dass es mitkommen möge, und es bleibt einfach stehen, dann ist das ja sozusagen eine Herausforderung, fokussierter zu sein, präsenter zu sein. Und es einfach deutlicher zum Ausdruck zu bringen.

FRAU F.: »Wobei ich der Meinung war, ich bin deutlich. Ja. Da habe ich dann gemerkt, dass das einfach nicht zusammenpasst, dass ich dachte, dass ich deutlich bin, und die Tatsache, wie es wirklich war. Das hat es mir halt gespiegelt, das habe ich da erkennen können.«

B. HEINTZ: »Und gab es eine Szene oder eine Situation mit dem Pferd, die für Sie ganz besonders wichtig war?«

FRAU F.: »Ich glaube vor allem, wie die Pferde es erkennen, dass ich mir einbilde, klar und deutlich zu sein, und es eben nicht wirklich bin. Ja, einfach dieses Erkennen, hoppla, da bist du auf einem ganz falschen Stand, im Wissen über dich selber.«

B. HEINTZ: »Ja. Damit verbunden war ja aber auch die Chance, das zu verändern.«

FRAU F.: »Ja. Es macht viel mehr Spaß, weil dann so ein unsichtbares Korsett irgendwie aufgeht.
B. HEINTZ: »Was ist das für ein Korsett?«
FRAU F.: »Ich glaube, das Korsett heißt ›Hilfe, hoffentlich mache ich nichts falsch‹.«
B. HEINTZ: »Und wenn Sie so satter in sich drin sind, dann ist dieses – «
FRAU F.: »Dann ist die Angst nicht mehr da, dass ich was falsch machen könnte, ja. Ich glaube, das hatte sich so richtig eingeschlichen. Dieses ›ich will nichts falsch machen‹, damit, was weiß ich, damit ich nicht anecke. Ohne diese Angst ist es viel lustvoller, und es hilft, wenn ich konzentriert und präsent bin. Das Ich-Bleiben, das Konsequentsein, das konnte ich wieder viel mehr aufleben lassen.«

Jessika (13 Jahre), Kind einer psychisch kranken Mutter

(Therapeutin: Angelika Rückl-Kast)

B. HEINTZ: »Wenn du versuchst, dich da mal hinzubeamen innerlich, wie fühlst du dich denn, wenn du bei den Pferden bist?«
JESSIKA: »Da fühle ich mich – geborgen. Also wenn ich auf dem Pferd draufsitze, habe ich zwar ein bisschen Angst, aber jetzt keine, so eine Angst, dass ich denke, dass das Pferd mich runterschmeißt, sondern nur ein bisschen Angst, aber auch so ganz geborgen, eine sichere Angst.«
B. HEINTZ: »Es gibt ja so was wie Angst-Lust, so ein bisschen Nervenkitzel neben der Freude – geht das in die Richtung?«
JESSIKA: »Ja, in die Richtung.«
B. HEINTZ: »Okay. Was könnte denn passieren, was besorgt dich, was macht neben der Geborgenheit das Ganze aufregender, ängstlich aufregender?«
JESSIKA: »Wenn das Pferd dann trabt, das fühlt sich an wie Fliegen, irgendwie halt. Der Wind, wenn der Wind dann noch weht, dann ist es schon ein berauschendes Gefühl. Wenn man dann auf dem Pferd sitzt, das läuft, und man fühlt sich frei – ja, dann fühlt man sich frei und gleichzeitig geborgen.«
B. HEINTZ: »Wenn du versuchen würdest, deine Beziehung zu Diego in Worte zu fassen – wie würdest du sie beschreiben? Was ist der Diego für dich?«

JESSIKA: »Wie ein großer Bruder, er ist überlegen, und ja, er hat mehr Kraft als ich. Eher so wie ein großer Bruder, ich weiß nicht, wie ich es besser beschreiben könnte. Ja.«

B. HEINTZ: »Was machen denn große Brüder so?«

JESSIKA: »Sie beschützen, und es ist, dass ich auch jemand habe, dem ich vertrauen kann.«

B. HEINTZ: »Das ist ja eine ganze Menge. Und das hat dir das Pferd gegeben, dieses Gefühl – eher als die Therapeutin?«

JESSIKA: »Manchmal schon.«

B. HEINTZ: »Konntest du irgendetwas davon für dich übersetzen – in deinen Alltag oder in dein Leben außerhalb der Therapie?«

JESSIKA: »Ja, dass ich mich auch mal fallenlassen kann, dass ich nicht nur immer stark sein muss oder nicht heulen darf oder ja, dass ich auch meine Gefühle loslassen kann, dass ich Ich sein kann. Und ja, dass ich auch bei anderen mal weinen kann, wenn es mir schlecht geht (Tränen).«

B. HEINTZ: »Bist du jetzt gerade traurig?«

JESSIKA: »Nein, nicht wirklich ...«

B. HEINTZ: »Gibt es denn Menschen, die dir nahe sind? Wo du dich hinwenden kannst und mit denen du sozusagen teilen kannst, was dich umtreibt, was dich bewegt? Hast du Freundinnen, Freunde?«

JESSIKA: »Freundinnen und meinen Papa!«

Maja (20 Jahre), Traumatisierung durch familiäre Gewalt

(Therapeutin: Susanne Tarabochia)

B. HEINTZ: »Also ich denke mal, das ist richtig, dass Sie so, wie Ihre Schwester auch, seit Kindheit in der Tabaluga Kinderstiftung untergebracht waren, oder?«

MAJA: »Ja, richtig.«

B. HEINTZ: »Okay. Und Sie waren sowohl bei einem Psychotherapeuten oder bei einer Psychotherapeutin in der Praxis als auch hier bei den Pferden?«

MAJA: »Ja, und häufiger in der Klinik.«

B. HEINTZ: »Fühlte es sich denn anders an, wenn Sie bei den Pferden waren, als so im Vergleich zur normalen Psychotherapie?«

MAJA: »Also, in der normalen Psychotherapie ist es bei mir so, dass sich mein Körper meistens irgendwie verkrampft und mir dann manchmal das Atmen ein bisschen schwerer fällt und ich nicht wirklich klar denken kann. Mit den Pferden habe ich festgestellt, dass es einfacher ist, dass ich auch in Bewegung bleibe, dass ich auch wirklich in einem Rhythmus bin und immer noch ein bisschen da bin und mich nicht gleich irgendwohin teleportiere im Kopf. Und es hilft mir dann teilweise, noch hier zu sein, wenn ich über schwierige Themen rede.«

B. HEINTZ: »Das hilft Ihnen, bei sich und hier in der Situation zu bleiben?«

MAJA: »Genau. Ja. Weil ich muss mich ja auch konzentrieren, auf dem Pferd sitzen zu bleiben, was ja in meinem Stuhl jetzt nicht so schwer ist. (lachen beide) [...] Und mir ist aufgefallen, dass ich auch über das, wenn ich in der Reitstunde bin, viel länger nachdenke, als wenn ich aus einer Therapiesitzung rausgehen würde, weil, dann ist sofort wieder alles weg, und ich bin so ein bisschen bedrückt. Und nach der Pferdetherapiestunde ist es, dass ich mich zwar immer noch damit beschäftige, aber nicht mehr dieses komische Gefühl habe ... dass es – ich merke schon, dass dann auch eine Last weggefallen ist, obwohl sie natürlich noch da ist. Aber es ist einfach ein bisschen leichter geworden, weil ich auch vielleicht den Pferden ein bisschen abgeben konnte von den Gefühlen.«

B. HEINTZ: »Und denken Sie dann über etwas nach, was mit dem Reiten zu tun hatte, oder denken Sie über Themen nach, die Ihre Lebensgeschichte betreffen, die Sie während der Arbeit mit dem Pferd erzählt haben – oder beides?«

MAJA: »Ich glaube, es ist eine Mischung aus beidem, dass ich sehr viel über meins nachdenke und gleichzeitig auch merke, was dieses Pferd vielleicht gemacht hat, während ich darüber nachgedacht habe, weil, manchmal merke ich, wenn ich zu weit weg denke, dass das Pferd nicht mehr auf mich hört, sondern ...«

B. HEINTZ: »Nicht mehr bei Ihnen ist?«

MAJA: »Nicht mehr bei mir ist und dann einfach tut, was es will, sozusagen. Aber wenn ich wirklich bei mir bin und alles andere und noch gut nachdenken kann, so dass das Pferd noch auf mich hört, dann geht das gut. Ich glaube schon, dass die Pferde hier wissen, wie es den Kindern geht, oder wenn es ihnen nicht gut geht. Wenn es mir nicht gut geht, versucht das Pferd nicht, mich noch extra aufzuwühlen, sondern schaut, dass es mich wieder beruhigt, und macht einfach keine Faxen oder so etwas.«

B. HEINTZ: »Das würde ja bedeuten, dass die Pferde so ein bisschen mitkriegen, wie es den Kindern geht, und auf eine gute Art und Weise damit umgehen?«

MAJA: »Ja.«

B. HEINTZ: »Also nicht das noch weiter hochschaukeln, sondern Rücksicht nehmen?«

MAJA: »Ja. Genau.«

B. HEINTZ: »Haben Sie das schon erlebt?«

MAJA: »Ja. Schon oft. Es gab Zeiten, da ging es mir wirklich nicht gut, und ich habe viel geweint. Und dann bin ich meistens hier hoch gekommen und habe mich besser gefühlt, weil ich wusste, dass das Pferd einfach da ist und dass ich mich nicht erklären muss oder so etwas und von anderen noch mehr Meinungen einholen muss, die mich nur noch mehr verwirren. Und danach ging es mir besser. Ich komme meistens hoch, wenn es mir nicht so gut geht. Dann denke ich viel drüber nach, was in dieser Reittherapiestunde war und wie sich mein Pferd vielleicht verhalten hat, was meine Therapeutin dazu gesagt hat und wie wir das mit meiner jetzigen Situation verknüpft haben und wo wir da vielleicht die Verbindung gesehen haben.«

Bina (18 Jahre), Traumatisierung durch familiäre Gewalt

(Therapeutin: Susanne Tarabochia)

B. HEINTZ: »Sie haben erzählt, dass Sie mit neun Jahren hierherkamen, lange auch psychotherapeutisch begleitet waren, aber immer auch bei den Pferden?

BINA: »Ja. Also grundsätzlich war es so, dass ich fünf Jahre lang in einer Therapie war, die mir eigentlich nie irgendwas gebracht hat. Ich habe auch – also ich war einfach nicht offen genug dafür. Und da ist halt einfach alles aus der Vergangenheit noch nicht so präsent gewesen. Deswegen hat es in dem Sinne eigentlich nicht so viel geholfen. Und hier war es einfach – also ich hatte ja, seitdem ich hier bin, die ganzen vielen Stunden mit der Susanne. Und dementsprechend kennt sie mich auch schon sehr lang. Und hat mich immer durch – ich weiß es nicht, ob es nun große oder kleine Krisen waren, hat sie eigentlich immer alles mitbekommen. Und konnte mir auch eigentlich immer gut helfen.

B. HEINTZ: »Also wie fühlt man sich, wenn man sich da gar nicht so gut öffnen kann? Waren Sie unter Druck oder …?«
BINA: »Nein, es war nicht so, dass es mir bewusst war. Also es war mir nicht bewusst. Es war einfach – ich habe es halt einfach verdrängt, jahrelang.«
B. HEINTZ: »Haben Sie sich denn in der Beziehung wohlgefühlt?«
BINA: »Doch, schon wohlgefühlt. Aber es war halt, ich weiß nicht. Für mich war es eher lästig. Und hier halt nicht. Also zum einen eben, weil ich diesen Kindheitstraum (lachend), jetzt groß gesagt, auch einfach erfüllen konnte. Und, ja, ich meine, letztendlich ist es halt ein Lebewesen. Und so wie du dich dem Pferd gibst, so gibt es sich halt auch einfach dir. Und, ja, ich fand es eigentlich immer sehr, sehr schön. Ein Pferd merkt ja, wie du dich fühlst. Das ist schon lang Therapiepferd und kennt das alles schon.«
B. HEINTZ: »Und Sie haben das Gefühl, dass die Pferde das mitkriegen, wie Sie grade innerlich unterwegs sind?«
BINA: »Ja, genau. Ja.«
B. HEINTZ: »Ja? Was gibt Ihnen da so die Sicherheit?«
BINA: »Ja, weil ich ja selbst auch merke, dass das Pferd dann irgendwie anders ist. Oder dass es einfach dann zum Beispiel was anderes zu machen versucht. Oder selbst nicht so aufmerksam ist.«
B. HEINTZ: »Haben Sie dann selber realisiert, das Pferd scheint jetzt zu merken, ich bin zu unkonzentriert, ich sollte mich mehr konzentrieren, oder ist das etwas, wo die Susanne Sie dann darauf hingewiesen hat, mal darauf zu achten, wie das Pferd reagiert, und zu überlegen, wie das kommt?«
BINA: »Beides, zuerst hat sie halt immer gefragt, was ich denke, warum das Pferd jetzt so reagiert. Meistens war dann die erste Antwort: ›Keine Ahnung‹ (lacht). Und da hat sie dann immer gesagt, dass ich mal auf dies oder jenes achten soll.«
B. HEINTZ: »Also, das Pferd hat Ihnen geholfen, sozusagen mehr bei sich zu sein, klarer zu sein und offenbar auch, mehr in sich reinzuhorchen?«
BINA: »Ja.«
B. HEINTZ: »Gibt es noch andere Beispiele für so was, was sich vielleicht auch übertragen ließ oder was Sie sich übersetzen konnten in Ihr Leben überhaupt?«
BINA: »Ja, halt auch einfach Verantwortung zu übernehmen. Aber das ist ja ein grundsätzliches Ding, wenn man mit Tieren umgeht. Oder, zum Beispiel, wenn es mir jetzt irgendwie eine Zeit lang nicht gut ging und ich mich selbst immer so infrage gestellt habe: ›Ja, kann ich das überhaupt?

Kriege ich das überhaupt hin?‹, und einfach gar nicht mehr so wirklich an mich geglaubt habe, dann saß ich auf dem Pferd und habe – ja, weil ich mich da eben konzentrieren muss, habe ich genau das hinbekommen, was ich eben machen wollte. Daraufhin hat Susanne dann immer gesagt: ›Hey, schau mal, Bina, jetzt bist du bei dir. Und du kriegst das hin, weil du es wirklich möchtest.‹«

Valerie (23 Jahre), Kind einer psychisch kranken Mutter

(Therapeutin: Susanne Tarabochia)

VALERIE: »Wie ich mich gefühlt habe? Also im Vergleich habe ich mich immer ein bisschen befreiter gefühlt, weil ich finde, man kommt halt beim Pferd an und man muss ja nicht viel sagen oder nicht viel sich rechtfertigen oder erklären, weil man ja durch seine Körpersprache ... das strahlt man ja auch so ein bisschen aus irgendwie. Und es ist so, dass das Pferd einen ja so oder so schon versteht und annimmt, was man ja bei der Psychotherapeutin oft erst erklären muss oder hinterfragen muss oder reflektieren. Und das, finde ich, ist halt beim Pferd nicht so. Man kommt einfach, wie man ist, an und, ja, ist einfach man selbst, genau ... Und ich habe mich auch irgendwie so ein bisschen (lachend) geliebt gefühlt, weil irgendwie – erstens, weil ich mein Pferd auch einfach so gerne habe. Und ja, ich weiß nicht, es ist einfach so, man hat einfach so eine Bindung zu diesem Pferd. Ich finde, ganz oft verstellt man sich ja auch in der Psychotherapie, und um wirklich diese Vertrauensbasis aufzubauen zum Therapeuten, da braucht es sehr viele Sitzungen und das dauert ja, bei mir ist es zumindest so. Und ich finde, mit dem Pferd baut sich einfach so eine Basis auf, so eine feste, so eine innige, dass man einfach ... es ist wirklich schwer zu beschreiben, aber ...«

B. HEINTZ: »Das ist eine besondere Art von Verbindung?«

VALERIE: Ja, es ist eine besondere Art von Verbindung, und da traut man sich halt auch viel mehr, man selbst zu sein, weil man ja auch so ein ganz anderes Feedback vom Pferd bekommt, als man von Menschen kriegen kann. Das Pferd nimmt alles auf und nimmt alles wahr, was man ihm entgegenbringt. Und man lernt sich einfach auch selbst irgendwie nochmal anders kennen.«

B. HEINTZ: »Da vermag das Pferd was Besonderes – anders als ein Hund oder eine Katze?«

VALERIE: »Klar. Ich finde, beim Pferd ist es auch so, man hat ja ein ganz anderes Verhältnis. Ich finde schon, man sieht ein Pferd eher ebenbürtig. Weil, man hat ja erstens Respekt, weil es ist auch groß. Ja, meine Stute ist relativ groß, und dann finde ich, man weiß ja auch nie, wie die Pferde drauf sind ... Man ist da viel sensibler und viel empathischer, weil man viel mehr auf das Gegenüber achtet. Dadurch, dass man dem Pferd ja auch was Gutes tun will, ist man viel feinfühliger, achtsamer irgendwie als bei einem Hund oder bei anderen Tieren.«

B. HEINTZ: »Sie sprachen von ›mein‹ Pferd – das ist ein Pferd, mit dem Sie lange oder viel oder ganz besonders gearbeitet haben?«

VALERIE: »Ja, ich bin ja jetzt auch noch jede Woche zweimal da meistens. Und ich glaube, das ist ja bei jedem Kind oder Jugendlichen anders. Ich glaube, manche, denen tut es gut, mal auf dem einen zu reiten oder auf dem anderen. Aber ich war halt immer so, dass ich mir ein Pferd gesucht habe, und dann bin ich auch bei dem geblieben. Also (lachend) das war halt dann die Lindera, das ist so eine spanische Stute, und das ist es einfach irgendwie, was ich brauche. Ich finde, mir tut das halt gut, mit einem Pferd zusammenzuarbeiten und so ganz viele, ja, Hindernisse gemeinsam zu überwinden. Weil – sie ist zum Beispiel oft ein bisschen ein ängstliches Pferd und sie ist sehr schreckhaft bei lauten Geräuschen oder wenn der Traktor kommt oder solche Sachen. Und ich bin halt auch so ein Mensch, der oft ängstlich ist oder sich manche Sachen nicht so zutraut oder so. Das sind lauter Kleinigkeiten, die ich dann mit ihr zusammen überwunden habe, und dann habe ich mir auch überhaupt viel mehr zugetraut – und deswegen sage ich, (lachend) mein Pferd.«

B. HEINTZ: »Gab es denn eine Situation oder eine Szene, die Sie ganz besonders berührt hat? An die Sie sich ganz besonders erinnern können? Die besonders wichtig war?«

VALERIE: »Ja. Oh, ich finde, so genau einen Moment zu nennen, ist schwierig, weil ich finde, dass es so die verschiedenen einzelnen kleinen Momente zusammen sind. Ich glaube, am schönsten finde ich es halt einfach immer, wenn ich so wirklich das Gefühl habe, ich bin mit ihr so im Einklang, und wir sind so eine Einheit. Und wenn man ihr so einen Freiraum gibt, man hat keinen Sattel und keine Trense, nur noch eine Verbindung über diesen Halsring – das fand ich schon echt schön, dass das funktioniert hat. Es war schon echt viel Arbeit, dass man nur mit diesem Halsring da in der Gegend rum lenkt und bremst und alles. Aber das war dann, glaube ich, so, ja, schon einer der schönsten Momente irgendwie, das war schon ein schönes Ziel, das man irgendwie gemeinsam erreicht hat.«

B. HEINTZ: »Konnten Sie denn etwas von all dem übertragen auf Ihr sonstiges Leben, auf Ihren Alltag?«

VALERIE: »Es gibt einem eine gewisse, ja, Energie ist jetzt so ein schwieriges Wort, es gibt einem halt einfach den Raum, so ein bisschen runterzukommen. Und es gibt einem so ein bisschen eine Grundeinstellung mit, mit der man halt Dinge anders anpacken kann. Bei mir ist das halt oft so, wenn ich jetzt zum Beispiel raufkomme und ich bin total gestresst und alles läuft irgendwie schief oder so, dann habe ich das Gefühl, ich steige aufs Pferd und dann ist Ruhe und es ist einfach mal nur die Konzentration auf eine Sache. Und ich finde, das wiederum hilft einem dann, wieder an Dinge neu ranzugehen, etwas neu anzupacken. Ja, ich finde, das kann man so übertragen.«

Nora (21 Jahre), Kind drogenabhängiger Eltern

(Therapeutin: Susanne Tarabochia)

B. HEINTZ: »Wenn Sie versuchen könnten, mal zu sagen, wie Sie sich fühlten, wenn Sie bei den Pferden waren – vielleicht auch im Vergleich zur Psychotherapie in der Praxis –.«

NORA: »Ja, wenn man in der Praxis ist, das habe ich jetzt auch nochmal versucht, aber das ist irgendwie nicht dasselbe. Da fühle ich mich gezwungen, was zu erzählen. Weil, wenn eine Person vor mir sitzt, dann muss man natürlich nicht das erzählen, was man nicht möchte, aber man ist doch gezwungen, trotzdem was zu erzählen. Man kann die Person jetzt nicht anschweigen, sonst, finde ich, braucht man ...«

B. HEINTZ: »Schweigen beide.«

NORA: »Ja, genau. Und das ist halt beim Pferd anders. Es ist auch – wenn es mir jetzt nicht gut geht, dann merken das die Tiere. Man muss da eigentlich gar nicht so viel sagen. Und ein Mensch merkt das vielleicht nicht so gut, wenn man mich auch noch nicht wirklich kennt oder auch wenn man mich kennt. Und da muss man auch immer so viel reden.

Und ein Pferd merkt das einfach und mit dem muss man auch nicht über Probleme reden. Da ist man einfach da.«

B. HEINTZ: »Gut ist, dass man einfach zusammen sein kann, ohne zu reden?

NORA: »Ja genau. Ja.«

B. HEINTZ: »Und trotzdem fließt da irgendwas an Information?«

NORA: »Ja genau. Man hat das Gefühl, dass man eine Therapie hatte, und danach geht es einem immer wirklich immer besser, obwohl das Pferd eigentlich gar nichts macht, sondern einfach nur da ist. Man sitzt auf dem Pferd und hat einfach so seine Gedanken und ist in der Natur. Ich habe gemerkt, dass die Arbeit mit einem Pferd wirklich für mich hundertmal besser ist als eine Arbeit in einem Raum mit einer Psychotherapeutin. Das ist für mich auch so beengend. Und so kann ich einfach meine Sachen machen oder auch einfach dem Pferd erzählen, was ich gerade habe ... Und ich bin ein Mensch, der auch ganz viel körperliche Nähe braucht, und das ist halt beim Therapeuten – da kann ich jetzt nicht mal auf den Schoß gehen und die Therapeutin drücken und knuddeln. Und bei einem Pferd, ich weiß nicht, das ist einfach so schön, weil man hat einfach eine andere Bindung. Und das Pferd kann ich auch knuddeln und drücken.«

B. HEINTZ: »Ah ja, das ist, glaube ich, ganz wichtig –.«

NORA: »Das ist eine ganz andere Ebene als bei einer Therapeutin. Da ist man eher auf Distanz, von beiden Seiten. Was ja auch sein muss, weil die Therapeutin kann jetzt auch nicht so viel Zuneigung zulassen, aber ich weiß nicht, ein Pferd, das lässt das zu. Das ist eigentlich der Punkt, genau, warum ich mich da auch viel wohler fühle, einfach verstanden. Dieses Innige und die Beziehung und auch dieses einfach jemanden zu spüren und zu drücken, das ist für mich ganz wichtig. Und das gibt mir halt ein Pferd eher als eine Therapeutin.«

B. HEINTZ: »Also das hat ganz viel mit Berührung zu tun, was Therapeutinnen, wenn sie nicht gerade Körpertherapeuten sind, ja auch nicht dürfen und nicht tun oder meistens nicht tun. Ich meine, es gibt vielleicht schon manche Therapeutinnen, die einen auch mal in den Arm nehmen, aber das ist mit dem Pferd unkomplizierter?«

NORA: »Ja, voll. Ja.«

B. HEINTZ: »Sind Sie denn meistens geritten? Oder haben Sie mit dem Pferd vom Boden aus, zu Fuß, gearbeitet?«

NORA: »Früher haben wir auch viel Bodenarbeit gemacht, weil ich mich auch erst vertraut machen musste und das auch noch nicht wusste, wie das ist, auf dem Rücken zu sein von einem Pferd. Aber sonst bin ich eher immer auf dem Pferd. Und oftmals auch ohne Sattel, weil das mag ich mehr. Da spürt man das Pferd auch noch intensiver. Man ist dann so eins mit dem Pferd und hat da gar keine Gedanken, was mich jetzt gerade ärgert oder was mich traurig macht, sondern denkt einfach über nichts nach und kann einfach nur den Moment genießen. Einfach reiten zu dürfen und mehr im Körper zu sein, im eigenen, und in dem Bewegungsimpuls, den das Pferd gibt.«

B. HEINTZ: »Das Pferd zu berühren, das ist ja eher etwas, was vom Boden aus stattfindet. Sind das verschiedene Qualitäten, wenn Sie das Pferd putzen oder führen, wenn Sie es auch mal drücken und ihm ganz nah sein können – ist das ein anderes Gefühl, als wenn Sie vom Pferd getragen werden?«

NORA: »Ja, doch. Wenn ich das Pferd putze, dann denke ich schon noch mal über den Tag nach, dann putze ich zwar, aber bin in Gedanken doch eigentlich bei diesen Dingen und nicht so sehr beim Pferd. Und dass ich das Einssein spüre – das ist wirklich erst dann, wenn ich auf dem Pferd sitze und reite.«

B. HEINTZ: »Gab es denn, wenn Sie noch mal zurückdenken, in der Zeit, als Sie noch hier wohnten und mit den Pferden gearbeitet haben, irgendeine besondere Situation oder eine besondere Szene, die für Sie besonders wichtig war oder besonders berührend?«

NORA: »Als ich kleiner war, da war ich eher so – ich wollte immer alle kneifen und war ganz angespannt. Wenn ich mich jetzt zurückerinnere an damals, dann war es so, dass mir das Pferd diese innere Spannung, die ich eigentlich immer hatte, so rausgenommen hat. Weil, ich war ja nur deswegen so, weil ich eben so sehr angespannt war und auch hibbelig, und ich hatte halt auch nicht wirklich Freunde. Und bei den Pferden war es dann so, dass ich, ich weiß nicht, so sein konnte, wie ich bin. Auch wenn ich sehr, sehr anstrengend war, wusste ich, dass ich von ihnen trotzdem auch geliebt werde.«

8 Reiche Ernte – Diskussion der Ergebnisse

Was bringt erfahrene, approbierte Psychotherapeutinnen dazu, ihren bewährten Praxissessel zu verlassen, um bei Wind und Wetter, Kälte und Hitze – kurz, jeder Witterung – mit ihren Patientinnen ihr Pferd aufzusuchen? Dieses Pferd, oder mehrere Pferde, müssen sie sorgfältig ausgebildet und an einem Ort untergebracht haben, welcher der psychotherapeutischen Arbeit hinreichenden Schutz garantiert; wenn nicht am eigenen Haus oder Hof, dann in einer Reitanlage mit geeigneter Infrastruktur. Es handelt sich also um eine Erweiterung des therapeutischen Angebotes, dessen (Mehr-)Aufwand finanziell kaum auszugleichen ist, das aber auf anderer Ebene äußerst gewinnbringend zu sein scheint.

Die nachfolgende Ergebnisdiskussion versucht Antworten zu finden auf diese rhetorische Frage. Denn alle hier interviewten Kolleginnen würden diese Anstrengungen nicht unternehmen, wenn sie nicht von positiven Wirkungen überzeugt wären, die über jene eines herkömmlichen therapeutischen Settings hinausgehen, das heißt, Therapieerfolge erhoffen ließen, die im gewohnten Praxissetting *allein* nicht möglich, nicht erreichbar erscheinen.

Die Wirkungen der Pferde auf den therapeutischen Prozess sind kaum von jenen der Therapeutinnen zu isolieren. Vielmehr sind sie sehr stark davon beeinflusst, wie die Therapeutinnen den Patient-Pferd-Kontakt gestalten, ihm Raum geben und ihn insgesamt begleiten. Entsprechend betont Angelika Papke (1997, S. 17), langjährige wissenschaftliche Mitarbeiterin im Pferdeprojekt der FU Berlin, das Grundprinzip der pferdegestützten Psychotherapie als Wirkung einer therapeutischen Beziehung zwischen Patientin und Therapeutin: »Zur entwicklungsförderlichen Verarbeitung der Erlebnisse, die das Pferd verschafft, bedarf es der Person des/der Therapeutin, der/die dieses Erleben in Bezug auf die persönliche Lebensgeschichte und

-planung der Klientinnen einfühlsam wahrnimmt, bestätigt, versteht, miteinander verbindet, kommentiert, kontrastiert u. ä. und dadurch Wege zur produktiven Integration der neuen Erfahrungen mit dem Pferd in den zwischenmenschlichen Bereich eröffnet.«

Aus der Kodierung der transkribierten Interviews in Anlehnung an die Grounded Theory ergaben sich Kernthemen, für deren Erörterung ich die Doppelperspektive der Therapeutinnen- und Patientinnensicht beibehalten habe. Nachstehend ein kurzer Überblick über die folgenden Kapitel:

- Zunächst stellt sich die Frage nach möglichen psychotherapeutischen *Indikationen* für das Einbeziehen der Pferde. Gerade für Patientinnen mit Traumafolgestörungen und Störungen der frühkindlichen Beziehungen ist es oft schwierig, sich auf rein sprachgebundene Therapieverfahren sowie eine vertrauensvolle Beziehung zu einer Therapeutin einzulassen. Diese Thematik sowie weitere Aspekte der Indikation werden in Kapitel 8.1 aufgegriffen.
- Das Vas hermeticum des Praxisraumes zu öffnen und Pferde in den Therapieprozess einzubeziehen, hat erheblichen Einfluss auf die *therapeutische Beziehung* oder ermöglicht überhaupt erst deren Zustandekommen. Die Erweiterung des intersubjektiven Feldes um ein drittes Subjekt und die sich damit verändernden Konstellationen im Übertragungsgeschehen werden in Kapitel 8.2 vertieft.
- Handelndes Erleben im *Übergangsraum* zwischen der psychotherapeutischen Praxis und der Lebenswelt der Patientin und die sich daraus ergebenden Problemaktualisierungen ermöglichen es, neue Ressourcen zu aktivieren. Mögliche Gestaltungen des jetzt triadischen Beziehungsgeflechts zwischen Therapeutin, Pferd und Patientin werden in Kapitel 8.3 behandelt.
- Pferde kommunizieren weitgehend körpersprachlich, entsprechend nehmen wir sie auch sinnlich-körperlich wahr. Das Erleben des Getragenseins und das Erfahren einer gemeinsamen, sich synchronisierenden Bewegung erinnert uns auf der Ebene des Körperselbst an frühe, unter Umständen defizitäre Beziehungserfahrungen. Diesen Erfahrungen, die *körpertherapeutische Aspekte* in die therapeutische Beziehung bringen und den Zugang zu den Emotionen verändern, widmet sich das Kapitel 8.4.

- Das Erleben einer innigen Verbindung und heilsamen Resonanz zwischen Mensch und Pferd scheint an frühkindliche Beziehungserfahrungen mit der Mutter oder anderen, nahen Bezugspersonen anzuknüpfen. Dieser diffizile und hoch sensible Bereich verdient besondere Beachtung. *Intersubjektivitätsmerkmale* im Verhalten der Pferde untereinander und artübergreifend, in der Interaktion mit dem Menschen, werden in Kapitel 8.5 beschrieben.
- Schließlich empfinden viele der Patientinnen die *Natur* selbst als heilsam und als Rückbindung an das Leben an sich. So wird die Arbeit mit den Pferden in der Natur, mit ihren jahreszeitlichen Bedingungen als indirektes und dennoch wirkungsvolles Kriterium in Kapitel 8.6 beschrieben.

Es ist kaum zu vermeiden, dass manche Inhalte sich in der folgenden Erörterung wiederholen; dies betrifft sowohl Zitate und Interviewpassagen als auch einzelne Wirkprinzipien und Aspekte des Erlebens. Beispielsweise sind im Kapitel zu den Indikationen naturgemäß nahezu alle anschließend nochmal separat fokussierten Themen bereits kurz angesprochen. In den Kapiteln 8.4 bis 8.6 werden die Kernthemen aus den Interviews in den Kontext teilweise bereits eingeführter Konzepte aus Neurobiologie, Ethologie, Entwicklungspsychologie, Traumatherapie und den Ursprüngen der analytisch basierten Körpertherapie gestellt.

Die Auswertung der im Rahmen unserer Studie geführten Gespräche lässt mich an die Arbeit an einem Webstuhl denken. So hoffe ich, dass neben den zahlreichen Längsfäden und den sie durchquerenden, bunten Kettfäden, zum Schluss auch das Gewebe und die erstaunlichen darin enthaltenen Muster als Ganzes zu erkennen sind.

8.1 Wesentliche Indikationen zur Einbeziehung der Pferde

8.1.1 Schwierigkeiten mit rein sprachgebundener Kommunikation

Indikationen werden in der Regel durch Therapeuten gestellt. Gerade aber diese hier als erste erwähnte Indikation bewegte mehrheitlich *die Patientinnen* selbst dazu, die Initiative zu ergreifen und sich auf die Suche nach einer pferdegestützten psychotherapeutischen Behandlungsmöglichkeit zu begeben. Zwölf von 16 Patientinnen nannten Ängste, Scheu, Überforderung und Widerstände im Zusammenhang mit der Notwendigkeit, sich und ihre Situation einer Therapeutin verbal zu erklären, als wesentlichen Impuls zur Arbeit mit dem Pferd in ihrer Therapie. Entsprechend häufig äußerten auch die Therapeutinnen, dass diese Problematik, teilweise verbunden mit dem eigenen Gefühl, nur schwer in einen guten Kontakt mit den Patientinnen zu kommen, eine der Indikationen für das Einbeziehen der Pferde darstellte.

»Es gab Zeiten, da ging es mir wirklich nicht gut und ich habe viel geweint. Und dann bin ich meistens hier hoch gekommen und habe mich besser gefühlt, weil ich wusste, dass das Pferd einfach da ist und dass ich mich nicht erklären muss oder so etwas, und von anderen noch mehr Meinungen einholen muss, die mich nur noch mehr verwirren« (Maja).

»[...] dort in der Praxis war es so, dass sie ganz schlecht über das, was sie betrifft und wie es ihr geht, sprechen konnte« (Marika Weiger).

»[...] emotional war da zuerst überhaupt gar keine Verbindung zwischen uns beiden. Dann hat sie gesagt, eigentlich würde ihr das Reden nichts bringen, aber sie habe ja gesehen, dass ich auch am Pferd arbeite, und das würde sie gerne mal probieren« (Barbara von Morgen).

Zehn der 16 interviewten Patientinnen formulierten direkt, dass sie vorausgegangene, rein gesprächsbasierte Psychotherapien als nicht oder nicht mehr hilfreich empfanden.

»Ich hatte eine Angststörung und war vorher in einer Gesprächstherapie bei Frau von Morgen, und nach ungefähr anderthalb Jahren überlegte ich, ob ich es beenden soll, weil es mich nicht so recht weiterbrachte. Und dann habe ich gefragt, ob eine Reittherapie für mich geeignet wäre, ich dachte, vielleicht würde mir das helfen« (Frau A.).

Manche Patientinnen sprachen sehr deutlich an, wie druckvoll sie die reine Gesprächssituation erlebten:

Wesentliche Indikationen zur Einbeziehung der Pferde

»Ja, wenn man in der Praxis ist – das habe ich jetzt auch noch mal versucht, aber das – irgendwie, das ist nicht dasselbe. Da fühle ich mich gezwungen, was zu erzählen. Weil, wenn eine Person vor mir sitzt, dann muss man natürlich nicht das erzählen, was man nicht möchte, aber man ist doch gezwungen, trotzdem was zu erzählen. Man kann die Person jetzt nicht anschweigen, sonst, finde ich, braucht man ...« B. Heintz: »Schweigen beide ...« – »Ja, genau« (Nora).

»In der Praxis fühlte ich mich unter Druck, etwas sagen zu müssen, worüber ich grade nicht sprechen konnte oder wollte« (Frau H.).

Wie sehr rein verbale Kommunikation auch Ausweichen und Vermeidung begünstigen kann, äußerte eine andere Patientin:

»Genau. Ich erlebe es handelnd und ich ändere es handelnd und es ist eben was ganz, ganz anderes als in der Gesprächstherapie, wo man ja einfach die unangenehmen Sachen weglassen kann. Manchmal merke ich das vielleicht nicht mal. Und dann reagiert die Therapeutin, der Therapeut auf das, was ich gesagt habe oder was vielleicht auch fehlt. Aber im Prinzip kann man sich 25 Jahre was vormachen und nie auf einen Punkt kommen, wenn man das möchte« (Frau M.).

Das Verlassen der Praxisräume, um mit den Pferden zu arbeiten, kann potenziell ein unproduktives Ausweichen vor oder Vermeiden von anstehenden Gesprächsinhalten bedeuten. Sich in der Kommunikation mit der Therapeutin zunächst auf die Pferde zu beziehen, kann jedoch auch dazu beitragen, dass Patientinnen in ihrem sprachlichen Ausdruck freier werden. Die Psychotherapeutinnen stehen also vor der Aufgabe, dies von Zeit zu Zeit sorgfältig zu reflektieren.

»Weil – man ist natürlich als Patient nicht der Psychotherapeutin ausgesetzt, aber ich sitze ihr gegenüber und sie guckt mich fragend an, und ich muss ja immer irgendwie, irgendwas von mir geben. Manchmal stehe ich da unter Druck. Und bei den Pferden kommuniziert man ja auch *über* die Pferde. Es ist anders, ob man gefragt wird, wie man sich selber gerade fühlt, oder gefragt wird ›Was denken Sie, wie das Pferd sich jetzt gerade fühlt?‹« (Frau A.).

Pferde verständigen sich körpersprachlich.[14] Ihre analoge Kommunikation ist klar und eindeutig. *Double-binds,* ein in der menschlichen Kommunikation vorkommendes Auseinanderdriften von körperlich-mimischem Ausdruck und gesprochenem Wort, *sind in analoger (nonverbaler) Kommunikation ausgeschlossen.* Die Pferde selbst sind wiederum angewiesen auf Klarheit und Eindeutigkeit, um einem Menschen oder einem anderen Pferd folgen und sich anschließen zu können. Die Begegnung mit dem Pferd bedarf keiner wortreichen Erklärungen. Dennoch ereignen sich in der therapeutischen Arbeit Verstehen und Verständigung. Die Therapeutin begleitet die Begegnung, schützt, initiiert sie vielleicht auch, und mitunter übersetzt sie das Geschehen in Worte.

Erst diese Vergegenwärtigung mithilfe der Sprache ermöglicht Bewusstsein und etabliert sukzessive dieses »Medium des Austauschs«, durch das beide Therapiepartner »gemeinsame Bedeutungen hervorbringen können« (Stern, 1992, S. 231). So beschreibt Stern das Auftauchen des verbalen Selbst im zweiten Lebensjahr, das dem Kind ermöglicht, sein eigenes Leben narrativ zu konstruieren. Übersetzt in das therapeutische Einbeziehen der Pferde hieße das: Es eröffnet sich die Möglichkeit, dass wortlos, sprachlos gewordene Patientinnen – wenn es gut geht – nach und nach über sich sprechen können.

»Mit einem Menschen alleine hätte ich gar nicht gewusst, worum es wirklich geht. Das Wichtigste war, dass ich nicht darüber sprechen musste, was in mir vorgeht – wir konnten erst mal nur über die Pferde sprechen. Und wichtig war auch, dass die Therapeutin keine Fragen gestellt hat – und trotzdem haben sich alle wichtigen Themen ergeben. Aber ich konnte oft erst viel später in der Praxis darüber reden, was mit mir los war« (Frau H.).

---

14 Dies schließt Haltungen, Berührungen, Körperspannung, Gesten und Bewegungen, Gesichts- und Augenausdruck, Ohrenspiel, aber auch die Qualität des Schnaubens von Herdengenossen und den Klang und die Tonlage ihres Wieherns ein. Letzteres kann viele Schattierungen haben: von einem leisen, tiefen Grummeln, mit dem eine Mutterstute ihr Fohlen begrüßt, über ein langgezogenes, schreiendes Rufen, wenn ein Pferd von seiner Herde getrennt ist, bis zu einem ärgerlichen, kurzen, mitunter auch fröhlichen Quieken, wenn ein Pferd seinen Raum verteidigt oder übermütig buckelt.

8.1.2 Erleichterte Anbahnung einer vertrauensvollen therapeutischen Beziehung

Für drei der sechs Therapeutinnen war diese Indikation besonders bedeutsam.

»Also, da würde ich es so formulieren, dass die Pferde manchen Patienten eine Beziehungsaufnahme überhaupt erst ermöglichen, die dann im zweiten Schritt eine vertrauensvolle therapeutische Beziehung werden kann. Das In-Kontakt-Treten mit mir ist oft mit viel Zurückhaltung oder auch Widerständen belegt – aber im Kontakt mit dem Pferd zeigen jugendliche Patienten dies oft viel weniger« (Anne-Kristin Siemering).

»Ja, erst durch das Pferd haben wir wirklich eine intensive Beziehung zueinander gekriegt. Und ich war aus dieser negativen Mutterübertragung raus« (Barbara von Morgen).

»Sie hatte Angst vor mir, war misstrauisch, diese Eins-zu-Eins-Situation war für sie ganz schwierig. Und an der Stelle habe ich mir überlegt – und damit war sie sehr einverstanden –, die Pferde mit dazuzunehmen« (Marika Weiger).

Diese Aussagen sprechen weitgehend für sich – jene der Patientinnen zu Fragen des Sich-einlassen-Könnens und Vertrauens in therapeutische Beziehungen werden in Kapitel 8.3 ausführlich aufgegriffen.

8.1.3 Förderung der Wahrnehmung von Körper und Emotionen

Die Pferde fordern den Menschen körperliche Präsenz und klares, kongruentes Verhalten gewissermaßen ab. Diesen Aufforderungscharakter zu nutzen, wenn in Patientinnen solche Qualitäten und Ressourcen spürbar, aber gehemmt sind, kann äußerst produktiv und gewinnbringend sein.

»Und ich hatte auch das Gefühl, dass sie – sie ist zwar da, aber sie hat nicht wirklich eine körperliche Präsenz. Also irgendwas fehlt. Daraus entstand die Idee, mit den Pferden zu arbeiten. Sie fand das total Klasse, weil sie einfach auch Lust auf Körpererfahrung hatte. Ja, das war der Anlass, weshalb ich S. ans Pferd genommen habe« (Barbara von Morgen).

»Ich merke, dass ich generell nicht mehr so viel abschweife wie früher. Das war aus jetziger Sicht irgendwie schon extrem, dass ich oft gar nicht mehr da war irgendwie. Also, nur mein Körper, aber mein Kopf war irgendwie weg. Da denke ich schon, dass das viel mit der Arbeit am Pferd zusammenhing, dass ich das einfach bewusster gespürt habe« (Sabine).

Wenn der Körper der Patientin »zwar da, aber nicht spürbar« und »der Kopf irgendwie weg« ist, sprechen wir von Dissoziation oder dissoziativem Erleben, einem Hauptsymptom von Patientinnen mit Traumafolgestörungen. Mit dem Wortstamm *socius* (lat.), »der Verbündete«, bedeutet Dissoziation sinngemäß Aufhebung von Verbundenem und in der psychologischen Bedeutung Abspaltung, zum Beispiel von Körperempfinden, Gefühl und Bewusstsein. Hier ist die wesentliche Indikation der Präsenz und Klarheit fördernde, Sicherheit gebende körperliche Berührungskontakt mit dem Pferd.

Fast immer führt die Sensibilisierung für die eigenen Körperempfindungen auch zu einem deutlicheren Wahrnehmen der Emotionen (s. Kapitel 8.4).

»Und da war so der springende Punkt nach, ich sage mal, nach ungefähr vier Monaten, dass sie in einer Stunde sagte, sie habe ein Problem. Sie glaubte, sie habe gar keine Gefühle, also sie könne keine Gefühle spüren. Und da dachte ich, hm, auf dem Pferd wäre das vielleicht ja möglich, Gefühle mehr ins Spüren hineinzubekommen und so habe ich das vorgeschlagen« (Barbara von Morgen).

8.1.4 Nacherleben von Halt, Angenommen- und Getragensein

Neben dem körperlich, physischen Getragenwerden ist hier ein noch umfassenderes, eben auch mütterlich schützendes, emotionalen Halt gebendes *Getragensein* gemeint, wie in Kapitel 8.5 näher ausgeführt.

»Ich glaube, dass Pferde eben nicht nur reagieren, sondern manchmal halten sie auch die Gefühle. Also im Sinne von, ich spüre was, aber ich trage das jetzt, ohne wegzulaufen oder Angst zu bekommen« (Barbara von Morgen).

Einige der Therapeutinnen setzen das Getragenwerden, gerade während der Traumabearbeitung, dissoziationsverhindernd ein oder unterstützen ihre Patientinnen auf diese Weise in ihrer Affektregulierung.

»Sie dissoziierte viel und oft. Zu dem Zeitpunkt waren die Panikattacken ganz oft da und die Dissoziationen auch – so, dass sie mir regelrecht ›weggekippt‹ ist, und ich überlegt habe, okay, wie gehe ich da am besten vor, dass ich sie unterstützen kann, an traumatische Ereignisse heranzugehen. Wir haben das begonnen, indem wir dann mit ihr auf dem Pferd gelaufen sind. Auf diese Weise war es ihr *möglich, dass sie erzählen konnte*« (Ilka Parent).

Bei Patientinnen mit frühen Beziehungsstörungen (in der Kindheit) kann die wiegende Bewegung des Pferdes im Schritt und das Getragenwerden als potenziell wiedergutmachende, basale Körper-Selbst-Erfahrung erlebbar werden.

»Jessika hatte oft das Gefühl, immer wenn sie traurig war, ist die Mutter geflohen oder hat sie weggeschickt. Ja, dieses Gehaltenwerden, dieses Abstimmen, dieses Tragen, dieses Sicherheitsgefühl, das frühe, hat die Jessika bei der Mutter nicht gefunden. Sie war in so einer Schockstarre […] und dann habe ich irgendwann gesagt, das wäre doch gut, wenn sie mit dem Pferd da vielleicht noch mal ein anderes Erleben bekommt« (Angelika Rückl-Kast).

Die genannten möglichen Indikationen für das Einbeziehen der Pferde sind, wie eingangs erwähnt, natürlich miteinander verbunden oder bedingen sich gegenseitig – die hier vorgenommene Trennung dient lediglich der Beleuchtung einzelner Aspekte des zusammenhängenden Wirkungsspektrums.

> **Überblick zu Kapitel 8.1**
>
> Das Einbeziehen der Pferde in eine Psychotherapie erscheint besonders bei Patientinnen mit Störungen der frühkindlichen Beziehungen sowie Traumafolgestörungen jeglicher Art indiziert. Die Pferde in die Psychotherapie einzubeziehen, hat sich als sehr hilfreich erwiesen, um die Wahrnehmung des eigenen Körpers und damit einhergehend auch die Bewusstmachung von bisher verdrängten Emotionen zu fördern, gegebenenfalls auch deren Regulierbarkeit. Das haltgebende Getragenwerden auf dem Rücken des Pferdes wird von einigen Therapeutinnen bewusst zur Vermeidung von Dissoziationen in der Traumatherapie eingesetzt. Diese basalen Erfahrungen mit dem Pferd ermöglichen den Patientinnen, sich vertrauensvoller auf ihre Psychotherapeutinnen einzulassen, Worte für ihr Leiden zu finden und dieses dann in der Psychotherapie, mit und ohne Pferd, erinnern, wiedererleben und durcharbeiten zu können.

8.2 Die therapeutische Beziehung in der neuen Triade Patientin–Pferd–Therapeutin

Jürgen Grieser (2015, S. 16), Psychoanalytiker und Familientherapeut in Zürich, stellt fest: »Im Kontext psychischer und sozialer Phänomene heißt ›Triangulierung‹, dass das Verhältnis zwischen zwei Elementen durch die Beziehung zu einem dritten reguliert oder definiert wird.«

Manche Patientinnen erleben das *Pferd als Brücke in die Therapie* und die therapeutische Beziehung. Die von schwierigen, unter Umständen traumatischen Beziehungserfahrungen mit nahen Menschen unbelastete Beziehung zu einem Pferd wird per se als heilsam erlebt. Die gemeinsame Beschäftigung mit dem Pferd bildet sozusagen die Brücke, mit der es der Patientin überhaupt erst möglich wird, auch mit der Therapeutin in Beziehung zu treten.

»Aber das Pferd, das ist eine absolut zuverlässige Größe. Und das reagiert direkt auf mich. Und das ist das, was heilsam ist, das genau diese Störungen, die über Eltern oder was auch immer passiert sind, aufhebt, weil die da nicht stehen. Das ist quasi unbelastet. Es war von Anfang an die Brücke.

Abbildung 5: Therapiebild von Frau M. (fingergemalt)

Das mit dem Pferd ist eine ganz andere Ebene. Und das ist heilsam, und das will ich« (Frau M.; vgl. Abbildung 5).

Als Medium steht das Pferd mitunter tatsächlich in der Mitte, im Zentrum der Kommunikation. Es vermittelt in der Kommunikation zwischen Patientin und Therapeutin. Und es eröffnet sowohl für die Patientin als auch für ihre Therapeutin einen Zugang zur Innenwahrnehmung der eigenen Emotionen und Befindlichkeiten über die Außenwahrnehmung der Resonanz des Pferdes.

Dass die gemeinsame Erfahrung im Bezogensein auf das Pferd das Vertrauen in die Therapeutin zu beleben und die therapeutische Beziehung zu stärken vermag, wurde auch mit dem Erleben von Schutz und Beschütztwerden erklärt.

»Es ist so eine Verbindung entstanden – zwischen der Therapeutin und mir selbst, dass ich so ein Vertrauen irgendwie aufgebaut habe. Weil, man hat ja auch einen gewissen Respekt oder Angst vorm Reiten und dem Pferd und vor der Umgebung … und da weiß man, da ist jemand, der passt auf, dass nichts passiert« (Anna).

Pferde stärken oder bestärken jedoch auch die Therapeutin. Beispielsweise reagieren sie vermutlich schneller als ein Mensch auf ein Auseinanderdriften von tatsächlicher emotionaler Verfasstheit und nach außen kommunizierter Botschaft (s. Kapitel 5.2). So nehmen die Pferde oft nahezu seismografisch Situationen wahr, in denen sich die Therapeutin vielleicht irritiert oder in ihrer eigenen Wahrnehmung nicht ganz sicher fühlt.

»Manchmal muss ich feststellen: Hm, ich bin hier gerade auf dem Holzweg, und das, was ich mir gedacht habe zu dem Kind, Jugendlichen, passt irgendwie nicht. Oft ist es so, dass die Pferde mich dann einfach nochmal genauer hinblicken lassen, weil ich vielleicht in meinen Gedanken schon zu verhaftet war. Über die vielen Jahre bin ich, glaube ich, immer feiner ihnen gegenüber geworden und nehme sie immer noch ernster in ihren Reaktionen. Sie sind für mich schon sehr wichtig, sie sind so eine innere Stütze, ein sehr wertvolles, sehr, sehr feines, sehr genaues Gegenüber« (Susanne Tarabochia).

»Ja, ich finde, dass sie auch Dolmetscher sind und mir viel von tiefer liegenden Gefühlen aufzeigen, die oft schlecht wahrnehmbar sind. Im beobachteten Kontakt zwischen Patient und Pferd werden dann oft für mich noch ganz unbekannte Seiten sichtbar« (Anne-Kristin Siemering).

Die Aktivität von Patientin und Therapeutin rund um das Pferd, in einer Umgebung, die unter Umständen wesentlich unruhiger ist als die Stille des Praxisraumes, könnte vielleicht dazu verleiten, sich zu sehr in die äußere Situation oder in Handlungsabläufe, etwa der Pferdepflege, ablenken zu lassen. Oft aber ist das Gegenteil der Fall, und die Atmosphäre des Ortes, die Natur, auch das hoch sensible Wesen der Pferde führen in eine lebendige Stille, die emotionale Öffnung und einen besonderen Zugang zur Innenwelt ermöglicht.

»Es ist plötzlich alles offen, und dann ist eine Emotionalität da, die man in der Praxis wahrscheinlich ganz, ganz lange hätte erarbeiten müssen« (Marika Weiger).

Im intersubjektiven Feld der drei Therapiepartner eröffnen sich demnach zusätzliche Dimensionen des Übertragungsgeschehens; mögliche Gefühlsansteckungen werden mit dem Hinzukommen des Pferdes oder der Pferdegruppe wesentlich komplexer. Körperlichkeit, physische Resonanz und physische Reaktionen werden weit bedeutsamer, als sie es in der Regel im Praxissetting sind.

»Ich denke, es gibt einmal eine vertikale Richtung, das heißt, dass Themen von außen durch die Pferde angestoßen werden, die dann vielleicht bewusst werden, die aber auch nach innen bewegt werden und Entsprechungen in der eigenen Vergangenheit und innerseelische Antworten hervorrufen. Bei den Pferden kann Streit, Aggression oder freundliches Fellkraulen usw. entstehen, Interaktionen, die etwas bei den Patienten auslösen, Entsprechungen finden und innerpsychisch bearbeitet werden können. Und dann gibt es noch eine horizontale Achse, wobei Themen der Patientinnen sich auf die Pferde und in die Herde übertragen, sich zwischen den Pferden weiterentwickeln, dort ihre Kreise ziehen. Also, es ist dieses von innen nach außen und außen nach innen, im Sinne einer undulierenden Bewegung oder eines atmenden Austauschs« (Marika Weiger).

Diese »undulierende Bewegung« ist nicht zwingend an unmittelbare Berührung oder den Bewegungsdialog mit dem Pferd gebunden, sondern kann sich auch im beobachtenden Aufenthalt mit der Patientin in der Pferdeherde ereignen. Mit dem Bild des »atmenden Austauschs« ist jedoch weit mehr als nur wortlose Kommunikation gemeint. Es sind Austauschprozesse, in denen innere Bilder, Fantasien, Emotionen und Symbolbildungen im jeweiligen und im gemeinsamen Unbewussten beider Therapiepartner belebt sind (Kapitel 5 und Kapitel 8.5).

> **Überblick zu Kapitel 8.2**
> Oft ist es so, dass erst das Einbeziehen der Pferde das Zustandekommen einer therapeutischen Beziehung überhaupt ermöglicht. Über das Vertrauen zu dem emotional unbelasteten Lebewesen Pferd kann Vertrauen zur Therapeutin entwickelt werden. In der Triade Patientin–Pferd–Therapeutin bedeuten die Pferde für viele Patientinnen eine Art *Brücke* in die Therapie. Pferde unterstützen

in und mit ihrer Resonanz auch die Therapeutinnen. Sie werden als *Seismografen* oder auch als *Dolmetscher* beschrieben, indem sie sensibilisieren, irritieren, ergänzen und die Therapeutinnen in der Wahrnehmung ihrer Gegegenübertragungsreaktionen bestärken.

8.3 Erkenntnisgewinn im geschützten Übergangsraum zwischen Praxis und realer Lebenswelt

Die Arbeit mit dem Pferd bedeutet modellhaftes Handeln und mit der Therapeutin geteilte Erfahrung in einer Art Übergangsraum zwischen Praxis und Lebenswelt der Patientin. Dieser Aspekt schien für alle Interviewpartnerinnen großes Gewicht zu haben.

»Also zum Beispiel, wenn ich beobachte, dass die Pferde, in dem Fall waren drei in dem Gelände, aufeinander bissig sind. Da denke ich, okay, ich bin zwar nicht die aktiv Bissige, aber in meiner Ehe, wenn mein Mann sagt: ›Ah, wieso hast du vergessen, das und das zu machen?‹, dann ist das ein Verhalten, das ich als bissig empfinde. Und dann habe ich mich oft bissig gerechtfertigt [...]. Dieses einfache Erleben, die Pferde sind bissig zueinander, hat bewirkt, dass ich gemerkt habe, wie bissig ich selber auch sein kann. In der nächsten Stunde wollte ich gerne praktisch üben, dass ich für mein Bedürfnis in meiner Ehe eintreten kann, und zwar so, dass es friedensstiftend oder sachlich ist und nicht die Situation verschlechtert. Ich habe die Aufgabe bekommen, das Pferd mittels Longe zu dirigieren, dass es quasi dahin geht, wohin ich möchte, als Sinnbild für das, was ich jetzt Jahre zurückgestellt hatte. Nicht ich manipuliere, sondern ich nehme mich ernst und sage, für mich ist das und das wichtig, und ich möchte das gerne so und so« (Frau M.).

Der Begriff des Übergangsraumes ist in diesem Kontext nicht identisch mit dem Konzept des intermediären, potenziellen Raums von D. W. Winnicott, einem der wichtigsten Vertreter der britischen Objektbeziehungstheorie – aber er ist diesem verwandt. Ein Kuscheltier kann einem Kleinkind als Übergangsobjekt dienen, um die Trennung von der Mutter zu überbrücken. Das Kind kann innere Repräsentanzen der Mutter an dieses Kuscheltier binden, es beleben, und so einen illusionären, mütterlichen Schutzraum aufrechterhalten. Diesen Zwischenraum bezeichnete Winnicott auch als potenziellen

Raum, einen Bereich zwischen der intrapsychischen Welt der subjektiven Vorstellungen und den objektiven Realitäten der äußeren Welt. In diesem intermediären Raum scheinen sich schöpferische Kreativität und Spiel sowie die Fähigkeit zur Symbolisierung zu entfalten.

Patientin und Therapeutin verlassen gemeinsam das Praxiszimmer und gehen in die äußere Welt, nicht in die Lebenswelt der Patientin, sondern in die Welt des Pferdes, seinen Stall, seinen Ort. In diesem Übergangsraum können, dürfen und werden sich intrapsychische Themen der Patientinnen abspielen, ereignen und konstellieren – schon in einer realen, äußeren Umgebung, aber noch im Schutz der therapeutischen Beziehung. Das Pferd agiert und reagiert mit all seinen arttypischen Verhaltensweisen – zugleich kann es Träger verschiedenster Projektionen werden.

Auch dieser Begegnungsraum ist potenzieller Raum, in dem Möglichkeiten von Entwicklung und Veränderung eine erste Gestalt annehmen, um dann von der Potenzialität in die Aktualität transferiert zu werden. So eröffnet das Einbeziehen des Pferdes eine Art Spiel-Raum. »Der Spielbereich ist nicht Teil der intrapsychischen Realität. Er liegt außerhalb des Individuums, ist aber auch nicht Teil der äußeren Welt. In diesen Spielbereich bezieht das Kind Objekte und Phänomene aus der äußeren Realität ein und verwendet sie für Vorstellungen aus der inneren, persönlichen Realität« (Winnicott, 1974, S. 63).

»Es war eben alles konkret. Natürlich übertrage ich das auf meinen Alltag. Aber dieses Erleben, das ist auch nicht nur über den Kopf in mich eingepflanzt, sondern ich habe das Gefühl, das ist jetzt so tief in mir drin und das schlägt Wurzeln und wächst und wächst« (Frau M.).

Sabine Hanneder erforschte im Rahmen ihrer Tätigkeit im Pferdeprojekt des Psychologischen Instituts der FU Berlin mögliche Gestaltungen des Beziehungsgefüges in diesem Übergangsraum und versuchte, sie zu systematisieren. Grundlage der therapeutischen Arbeit des von Siegfried Schubenz in den 1970er Jahren gegründeten Pferdeprojekts war die dort entwickelte »Psychologische Psychotherapie« (PPT), ein methoden- und schulenübergreifendes psychotherapeutisches Verfahren, das sich die Erkenntnisse verschiedener

Disziplinen der akademischen Psychologie zunutze machte. »Im Zentrum dieses Therapieansatzes steht die therapeutische Beziehung; die Therapeutin macht der Klientin ein Beziehungsangebot, das dem Mutter-Kind-Verhältnis *jener* Lebenszeit entspricht, in der die erste Zweierbeziehung mißglückte. Das Beziehungsangebot wird hierbei nicht – wie in anderen therapeutischen Ansätzen – nur als notwendige *Voraussetzung* für anschließend erfolgende therapeutische Interventionen begriffen, sondern als das *zentrale Angebot* der Therapeutin, das neue korrigierende (Beziehungs-)Erfahrungen ermöglicht und damit die Voraussetzung zur Überwindung psychischer Entwicklungsbehinderungen und sozialer Ausgrenzung schafft« (Hanneder, 1997, S. 7).

Die Autorin beschreibt verschiedene Formen der *Gestaltung des therapeutischen Beziehungsangebotes* mit dem Medium Pferd, ausgehend von reiner Beobachtung der Pferde hin zu immer näherem Kontakt zwischen Pferd und Patient. Diese Systematisierung der möglichen Rollen im Interaktionsgeschehen zwischen Patientin, Therapiepferd(en) und Psychotherapeutin ist weitgehend übertragbar auf die tiefenpsychologisch basierte Psychotherapie. Sie verdeutlicht verschiedene Möglichkeiten des Settings mit den Pferden *im Übergangsraum* zwischen Praxis und realer Welt und, damit einhergehend, unterschiedliche Facetten möglicher Übertragungsdynamiken. Die verschiedenen Ebenen sind in der konkreten Situation miteinander verwoben und durchdringen einander. Ein etwas modifiziertes Aufgreifen dieser Systematisierung erscheint mir hilfreich, und ich möchte ergänzend Auszüge aus den Interviews hinzufügen, wo immer sie die Abstraktion zu beleben vermögen (vgl. Abbildung 6).

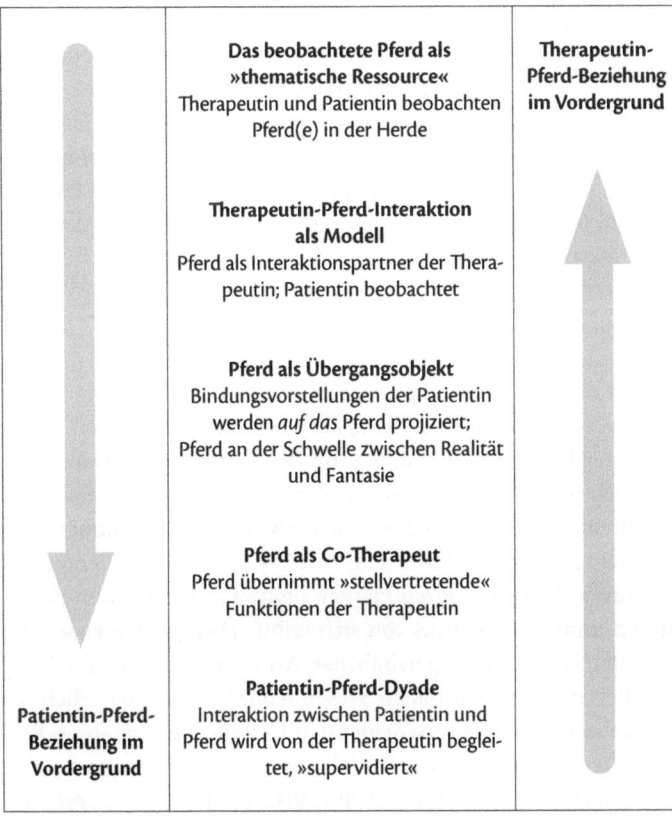

Abbildung 6: Die Rolle des Pferdes im therapeutischen Beziehungsgeschehen (nach Hanneder, 1997, S. 8, aktualisiert in Hanneder u. Papke, 2020, S. 181)

8.3.1 Das beobachtete Pferd als thematische Ressource

Wie im Beispiel von Frau M. (Kapitel 8.3) bereits angesprochen, sind in einer Pferdeherde oder -gruppe verschiedenste Formen von Interaktionen und Beziehungen zu beobachten; es gibt freundschaftliche Annäherungen, gegenseitiges Fellkraulen, Streit, Spiel, Aggressivität, Verwandtschaftsbeziehungen (Stuten und Fohlen), Rivalitäten, Unsicherheit und Ängstlichkeit bei rangniederen Herdenmitgliedern, beschützendes Verhalten und vieles mehr. »Bei der gemeinsamen

Beobachtung der Pferdeherde können Wahrnehmungen, Fantasien und Mutmaßungen geäußert werden. Erfahrungsgemäß fallen den Patientinnen bei der Beobachtung der Pferde häufig solche Dinge auf, die auch in ihrem eigenen Leben bedeutsam sind« (Hanneder, 1997, S. 8). Diese Themen können wiederum von den Therapeutinnen aufgenommen und in der experimentellen, das heißt erlebnisorientierten, Modellsituation mit achtsamer Fokussierung der intra- bzw. interpersonellen Thematik weiter bearbeitet werden.

8.3.2 Die Therapeutin-Pferd-Interaktion als Modell

Befragt nach ihrer Haltung gegenüber und ihrer Beziehung zu den Pferden äußerten sich die Therapeutinnen sehr differenziert bezüglich ihrer Beziehungsgestaltung mit den Pferden im privaten bzw. therapeutischen Kontext. Die Art der Interaktion der Therapeutin mit ihrem Pferd wird von den Patientinnen mit hoher Aufmerksamkeit wahrgenommen. Mit der Art und Weise, wie die Therapeutin mit ihrem Pferd oder ihren Pferden umgeht, zeigt sie ihren Patientinnen immer auch etwas von sich selbst. Therapeuten lassen die Patienten an ihrer ganz persönlichen Art der Beziehungsgestaltung mit diesen ihnen sehr nahen Wesen teilhaben, und natürlich zeigen sie sich auch mit verschiedensten Gefühlen, die sie ihren Pferden entgegenbringen. »Die Beziehung zwischen Therapeutln und Pferd bietet den KlientInnen auch Anhaltspunkte für das *Spektrum* möglicher Beziehungsformen, zum Beispiel eine sehr innige, auch körperlich nahe oder eine eher distanzierte, stark grenzensetzende Beziehung zum Pferd bzw. die Integration dieser beiden Polaritäten in einer Beziehung« (Hanneder, 1997, S. 9).

Anne-Kristin Siemering bringt den Modellcharakter der Therapeutin-Pferd-Interaktion so auf den Punkt:

»Einer Therapeutin, die in der Verständigung zwischen Pferden und Menschen hilfreich vermitteln kann, wird auch zugetraut, dass sie in schwierigen Situationen zwischen Eltern und Kindern konfliktlösend wirksam sein kann.«

Wenn Psychotherapeutinnen ihre Pferde in die Therapie einbeziehen, sind sie gefordert, einerseits die Nähe zu den Pferden, zumindest

Erkenntnisgewinn im geschützten Übergangsraum 121

eine erhöhte Aufmerksamkeit für deren Reaktionen und deren Resonanz beizubehalten und sich andererseits so weit zurückzunehmen, dass sie den Patienten ihre eigenen Beziehungserfahrungen mit den Pferden ermöglichen.

»Ich arbeite sehr viel mit meinen Pferden, bin wirklich täglich im Kontakt mit ihnen und empfinde sie sehr eng an mich gebunden – und das Zurücktreten von mir aus dieser engen Bindung mit den Pferden im therapeutischen Prozess dauert manchmal zwei bis drei Stunden oder sogar länger, bis ich so weit zurückgetreten bin aus dem Wahrnehmungsbereich der Pferde, dass sie sich voll auf den Patienten einlassen können« (Anne-Kristin Siemering).

»Da ist eine sehr, sehr enge Verbundenheit mit hoher Achtsamkeit, hoher Empfindsamkeit aufeinander. Wenn der Patient mit dem Pferd zusammen ist, kappe ich diese Verbindung, sodass ich mich komplett herausrausnehme und auch Kontaktaufnahmeversuche unterbinde. Meine Beziehung zu dem Pferd wird, wenn es um die Interaktion zwischen Patient und Pferd geht, eine sehr distanzierte, beobachtende. […] Das Mitspracherecht der Pferde ist mir sehr wichtig. Alle Pferde, mit denen ich arbeite, kennen die Arbeit und sie wissen, wenn sie nicht mitkommen wollen, dass das akzeptiert wird. Auch die Kontaktaufnahme wird immer vom Pferd eingeleitet« (Ilka Parent).

Inwieweit Beziehungsgestaltung und Haltung der Therapeutinnen ihren Pferden gegenüber mit ihrer grundsätzlichen therapeutischen Haltung übereinstimmen, oder zumindest kongruent erscheinen, wäre gewiss eine eigene Untersuchung wert. An dieser Stelle möchte ich jeder der an unserer Studie beteiligten Therapeutinnen dazu noch einmal kurz das Wort geben:

»Innerhalb gewisser Grenzen, die notwendig sind, haben die Pferde maximale Freiheit, was auch meiner Haltung entspricht – sowohl meiner Haltung den Pferden gegenüber und natürlich auch meiner therapeutischen Haltung. Es braucht einen guten, gesicherten, äußeren Rahmen, damit sich innerhalb dieses Rahmens und dieser Grenzen größtmögliche Freiheit entwickeln und entfalten kann« (Marika Weiger).

»Meine grundsätzliche Haltung gegenüber meinen Pferden ist Respekt – und zwar in beide Richtungen, das heißt, ich respektiere die Pferde, respektiere die Belange der Pferde, ihre Äußerungen und Bedürfnisse, aber ich arbeite mit meinen Pferden auch so, dass sie mich respektieren, dass sie meine Präsenz, meine Leitfunktion respektieren, und dass sie in der Lage sind, Menschen gegenüber auch Grenzen zu wahren« (Anne-Kristin Siemering).

»Sehr vertraut würde ich die Beziehung zu meinen Pferden erst mal beschreiben. Sehr, sehr innig und sehr auch einander vertrauend. Also meine Pferde mir und ich meinen Pferden« (Barbara von Morgen).

»Es ist für mich tatsächlich so, dass ich ihnen unglaublich dankbar bin, wie sie mitarbeiten. Meine Wertschätzung ihnen gegenüber ist sehr hoch und es ist mir ganz wichtig, mit ihnen im Einzelkontakt so zu arbeiten, dass ich auch wirklich gut differenzieren kann, was ist jetzt das Kind, der Jugendliche, und was ist das Pferd in seiner Eigenheit. Ich bin da immer noch lernend, weil sie immer noch überraschend sind, diese Reaktionen der Pferde ...« (Susanne Tarabochia).

»Also, das kann ich, glaube ich, ganz individuell beantworten. Ich liebe meine Pferde, ja. Und ich glaube, dass ich ihnen zutiefst dankbar bin, dass sie da sind« (Angelika Rückl-Kast).

Freiheit und Grenzen, Respekt, Vertrauen, Wertschätzung, Liebe und Dankbarkeit – all diese Qualitäten können als Grundpfeiler für die therapeutische Beziehung mit und ohne Pferd gelten. Auch die empathische Achtsamkeit der Therapeutin gegenüber dem Pferd in seiner Begegnung mit der Patientin wird wahrgenommen und kann die Anbahnung einer eigenen, Patientin-Pferd-Interaktion unterstützen.

8.3.3 Das Pferd als Übergangsobjekt

Das Pferd ist in der therapeutischen Situation einerseits ein reales Wesen mit all seinen arttypischen Eigenschaften, andererseits wird es aber, ebenso wie die Therapeutin, zum Träger vielfältiger Projektionen – durchaus vergleichbar mit der Belebung des Übergangsobjekts durch das Kleinkind.

»Also, ich bin ein Mensch, der auch ganz viel körperliche Nähe braucht und das ist halt beim Therapeuten – da kann ich jetzt nicht mal auf den Schoß gehen und die Therapeutin drücken und knuddeln. Und bei einem Pferd, ich weiß nicht, das ist einfach so schön, weil man hat einfach eine andere Bindung. Und das Pferd kann ich auch knuddeln und drücken. Das ist eine ganz andere Ebene als bei einer Therapeutin. Da ist man eher auf Distanz, von beiden Seiten« (Nora).

Die Gefühle, die dem Pferd als Liebesobjekt entgegengebracht werden, können mitunter der Therapeutin gelten, die für die Patientin nicht in der Weise verfügbar und erreichbar sein kann, die diese sich wünscht. Möglicherweise fällt es der Patientin aber auch leichter, diese Gefühle und Bedürfnisse in der Projektion auf das Pferd zum Ausdruck zu bringen. Die Beziehung zwischen Patientin und Pferd befindet sich somit, in ähnlicher Weise wie die Beziehung des Kleinkindes zu seinem Übergangsobjekt, an der Schwelle zwischen Realität und Fantasie. Das heißt, Vorstellungen von inniger Verbundenheit und Vertrautheit können auf das Pferd übertragen werden. Damit wird das Pferd zugleich zum *Symbol* der möglichen Erfüllung tiefer, unerlöster Sehnsüchte nach Liebe, Zugehörigkeit und Geborgenheit.

»Die Therapeutin kann jetzt auch nicht so viel Zuneigung zulassen aber – ich weiß nicht, ein Pferd, das lässt das zu. Und das ist auch – das ist eigentlich der Punkt, genau, warum ich mich da auch viel wohler fühle, einfach verstanden. Weil dieses Innige und die Beziehung und auch dieses einfach jemanden zu spüren und zu drücken, das ist für mich ganz wichtig. Und das gibt mir halt ein Pferd mehr als eine (lachend) Therapeutin« (Nora).

»Also ich habe mich auch irgendwie so ein bisschen geliebt gefühlt, weil erstens, weil ich mein Pferd auch einfach so gerne habe. Und irgendwie, ja, ich weiß nicht, es ist einfach so, man hat einfach so eine Bindung zu dem Pferd, dass man sich – ja – so angenommen fühlt« (Valerie).

Das Therapiepferd kann also an die Therapeutin gerichtete Wünsche nach Nähe, Verständnis, Zuwendung stellvertretend übertragen bekommen. Natürlich können aber auch andere Gefühle, welche die Patienten dem Therapiepferd gegenüber empfinden und zeigen – Freude, Dankbarkeit, Bewunderung, Enttäuschung, Ärger –, mitunter die Therapeutin meinen, die ihnen das Pferd zur Verfügung stellt. Sofern die Patientinnen damit die Pferdebesitzerin in der Therapeutin persönlich treffen, ist vonseiten der Therapeutinnen eine besonders sorgsame Reflexion des Übertragungs- und Gegenübertragungsgeschehens erforderlich.

8.3.4 Das Pferd als Co-Therapeut

Mit der von Hanneder als »stellvertretende Funktion« des Pferdes bezeichneten Konstellation sind ursprünglich konkrete Aufgabenstellungen und von der Therapeutin beabsichtigte Rollenzuweisungen an das Pferd gemeint. »Der Therapeut/die Therapeutin überlässt hierbei dem Pferd bestimmte Rollen, die er/sie derzeit nicht erfüllen kann oder will« (Hanneder, 1997, S. 12).

Eine Psychotherapeutin kann das basale körperliche Erleben des Getragenwerdens kaum selbst zur Verfügung stellen. Hier kann das Pferd ein ganzes Spektrum leib-seelischer, teilweise regressiver Bedürfnisse in Anwesenheit der Therapeutin erfüllen und zu wiedergutmachenden, auf der Körperselbst-Ebene heilsamen Erfahrungen beitragen. Darüber hinaus kann eine schwierige, potenziell kränkende, aber vielleicht anstehende Konfrontation eines Patienten durch die Therapeutin mithilfe des Pferdes vermieden werden.

»Ja, beispielweise, wenn ein Vater – sicher aufgrund eigener Kindheitserfahrungen – nicht wirklich in Beziehung geht zu seiner Tochter oder zu seinem Sohn oder zu seiner Frau und oft gar nicht versteht, was ich meine, weil er von seinen Gefühlen meilenweit entfernt ist, und dann sagt, okay, das Pferd führe ich doch locker über den Hof – und das Pferd sich dann weigert, dann guckt er eigentlich in den Spiegel. Er sieht sich selbst, muss erkennen, dass er gar nicht mit dem Pferd in Verbindung ist. Und dann merkt er plötzlich, es stimmt etwas nicht, warum geht das Pferd nicht mit mir … Und für so etwas brauche ich im Gespräch mit Eltern manchmal sehr lange, bis sie überhaupt ahnen, um was es mir geht« (Angelika Rückl-Kast).

Solche produktiven Konfrontationen können sich ereignen, ohne dass die Therapeutin diese beabsichtigt oder aktiv herbeigeführt hätte. Es scheint, als würde das Pferd mitunter von sich aus etwas stellvertretend übernehmen, was sich positiv auf den psychotherapeutischen Prozess auswirken kann. Auch traumatische Ereignisse können auf diese Weise ungewollt reinszeniert und im besten Fall einer therapeutischen Bearbeitung zugänglich werden. Eine eindrückliche Situation dieser Art wurde von Marika Weiger geschildert:

»Da gab es eine Szene, in der Yrija der Frau H. sehr, sehr nahe gekommen ist. Sie stand mit dem Rücken an der Bande in der Halle und das Pferd ist ihr immer näher gekommen, stand ihr fast auf den Zehen und hat sie mit der Nähe konfrontiert. Die Patientin konnte nicht weiter zurück und Yrija, die ja eigentlich sehr distanziert und rücksichtsvoll ist, setzte in dieser Situation den Abstand auf null. Das war für mich sehr unerwartet und letztlich auch schwer zuzulassen. Nur mein tiefes Vertrauen und meine langjährige Beziehung zu der Stute hat mich diese Situation überhaupt aushalten lassen.

Im Nachhinein war das ein ganz, ganz wichtiger Moment für die Patientin, weil sie die Nähe, die sie sonst nie spüren konnte, oder in der sie dissoziiert ist, wahrnehmen konnte. Sie hat die Situation auch sehr anders interpretiert, als ich erwartete. Sie sagte nämlich, dass es gut war, mit dem Rücken an der Wand zu stehen, und dass sie sozusagen mit diesem Halt die Nähe mit dem Pferd ausgehalten hat. Es war einerseits eine Wiederholungssituation – aber sie wurde mit einem enormen Veränderungspotenzial gut bewältigt. Und bei dieser Patientin war es die Konfrontation, die das Pferd hineingebracht hat« (Marika Weiger).

Gelegentlich erweisen sich die Pferde als echte Co-Therapeuten. Zum einen, indem sie stellvertretend für die Therapeutinnen regressive, leib-seelische Bedürfnisse der Patientinnen befriedigen können, die dann wiederum einer therapeutischen Bearbeitung zugänglich werden. Zum anderen, indem sie manchmal auf verblüffende Weise aktiv werden und mit ihrem Verhalten den Patientinnen gegenüber

Frustrationen und Konfrontationen erzeugen, die von den Therapeutinnen niemals auf so sinnfällige Weise in die therapeutische Beziehung hätten eingebracht werden können.

8.3.5 Die Patientin-Pferd-Dyade

Die meisten der oben zitierten Interviewauszüge, ebenso wie das letztgenannte Beispiel, beziehen sich ohnehin auf dyadische Situationen. Vermutlich gibt es bei den tiefenpsychologisch basiert arbeitenden Therapeutinnen eine Tendenz, zugunsten einer intensiven Begegnung zwischen Patientin und Pferd möglichst bald in den Hintergrund zu treten. Das Arbeiten mit dem Pferd in einem einerseits geschützten therapeutischen Raum, andererseits aber auch mit einem zunächst völlig fremden und unvertrauten Lebewesen in einer unbekannten, neuen Umgebung, stellt eine hoch komplexe Anforderung dar. Vor allem ist diese Situation vonseiten der Patientinnen gänzlich unbelastet durch Vorerfahrungen – somit sehr geeignet, neue oder noch nicht erkannte Ressourcen zu entdecken. Gleichzeitig zeigen sich alte Verhaltensmuster, negative Selbsteinschätzungen oder andere, hinderliche Überzeugungen relativ schnell. »Allein die Vorstellung einer Psychotherapie mit dem Pferd kann offensichtlich an Ressourcen der Patienten anknüpfen und ihre Bereitschaft zur Mitarbeit fördern. Und die Induktion von Hoffnung trägt erfahrungsgemäß wesentlich zum Therapieerfolg bei« (Hanneder, 2007, S. 7).

»Zum Beispiel, wenn es mir eine Zeit lang irgendwie nicht gut ging und ich eigentlich mich selbst immer so infrage gestellt habe – so ›Ja, kann ich das überhaupt? Kriege ich das überhaupt hin?‹, und einfach selbst gar nicht wirklich an mich geglaubt habe, dann saß ich auf dem Pferd und habe, weil ich mich eben konzentrieren musste, genau das hinbekommen, was ich eben machen wollte. Daraufhin hat sie [Suanne Tarabochia, Anm. d. Verf.] immer gesagt: ›Hey, schau mal, Bina, jetzt bist du bei dir und du kriegst das hin, weil du es wirklich möchtest.‹ Tja!« (Bina).

Der Umgang mit dem Pferd, das Aufhalftern, Putzen, Führen, von reiterlichen Anforderungen ganz abgesehen, bietet zahlreiche Gelegenheiten und Notwendigkeiten, Neues zu lernen, neue Kompetenzen zu erwerben. Dies sowohl in ganz praktischer, aber auch in emotionaler Hinsicht, wie viele der genannten Beispiele zeigen. Die Beziehung zwischen Patientin und Pferd wird von der Therapeutin aus angemessener Entfernung begleitet und in gewisser Weise supervidiert. Nach Bedarf unterstützt die Therapeutin Bewusstwerdungsprozesse durch Versprachlichung. Sie übernimmt die Verantwortung für das Zustandekommen der Situation, steht zur Unterstützung bereit und begleitet die Interaktion mit wacher Aufmerksamkeit aus angemessener Entfernung. Das subjektive Erleben der Anwesenheit und Einbeziehung der Pferde ist für die Patientinnen untrennbar verbunden mit dem Erleben der begleitenden Mitanwesenheit der Therapeutin.

Überblick zu Kapitel 8.3

Der Übergangsraum zwischen Praxis und Lebenswelt der Patientin wurde als mit der Therapeutin und dem Pferd geteilter, realer Ort und als psychologischer, im Winnicott'schen Sinne *potenzieller Raum* verstanden. Als Spiel-Raum für Entwicklung und Veränderung bietet er besondere Möglichkeiten der Ressourcenaktivierung, der Problemaktualisierung und des Erkenntnisgewinns – und erfordert zugleich eine herausfordernd andere Beachtung des deutlich komplexeren Übertragungsgeschehens. In Anlehnung an die von Hanneder (1997) publizierte Systematisierung möglicher Gestaltungen des jetzt triadischen Beziehungsgeflechts lassen sich verschiedene Konstellationen beleuchten: In der *Patientin-Therapeutin-Dyade* dient das beobachtete Pferd als thematische Ressource. In der *Therapeutin-Pferd-Interaktion* mit möglichem Modellcharakter zeigt sich die Therapeutin in ihrem Beziehungsverhalten, ihren Gefühlen und Reaktionen einem *Dritten* gegenüber. Dadurch vollzieht sich eine Erweiterung der dyadischen Situation in der Praxis, die sonst nur in Paar- oder Familiengesprächen vorkommt. Als *Übergangsobjekt* kann das Pferd zum Träger verschiedenster Projektionen werden, die mitunter der Therapeutin gelten. Das Pferd kann darüber hinaus *Stellvertreterfunktionen* erhalten oder einnehmen; es kann anstelle der Therapeutin zum Liebesobjekt werden, es kann für die Patientin produktive Konfrontationen initiieren etc. Das Geschehen in der *Patientin-Pferd-Dyade* schließlich stellt eine Chance für neue, unbelastete Beziehungserfahrungen und das (Wieder-)Entdecken von Ressourcen und Kompetenzen dar.

8.4 Körpererfahrung und emotionale Öffnung

»Also, in der normalen Psychotherapie ist es bei mir so, dass sich mein Körper meistens irgendwie verkrampft und mir dann manchmal das Atmen schwerer fällt und ich nicht wirklich klar denken kann. Mit den Pferden habe ich festgestellt, dass es einfacher ist, dass ich auch in Bewegung bleibe, dass ich in einem Rhythmus bin und immer noch ein bisschen da bin und mich nicht gleich irgendwohin teleportiere im Kopf. Und es hilft mir dann teilweise, noch hier zu sein, wenn ich über schwierige Themen rede« (Maja).

Die basale körperliche Erfahrung des Getragenwerdens wurde bereits mehrfach erwähnt. Sie ist verbunden mit der Resonanz, die das Pferd offenbar auch auf der affektiven Ebene in dem neuen, *oszillierenden intersubjektiven* Feld zu geben vermag, und knüpft an präverbale Entwicklungsstadien des Selbstempfindens (um den 9. Lebensmonat) an. In dieser frühen Lebensphase sind subjektive Erfahrungen zwar mitteilbar, aber diese kleinen Kinder verfügen noch nicht über die Möglichkeit der Übersetzung in Sprache. Stern beschreibt das *Einsetzen intersubjektiver Bezogenheit* als Gemeinsamkeit in der Ausrichtung der Aufmerksamkeit, Gemeinsamkeit in den Intentionen und Gemeinsamkeit in den affektiven Zuständen. »Interaffektivität ist vielleicht die erste, einflussreichste und in ihrer Unmittelbarkeit wichtigste Form gemeinsamen subjektiven Erlebens.« Er geht davon aus, »dass Affekte in der frühen Kindheit sowohl das primäre *Medium* als auch das primäre *Thema* der Kommunikation darstellen« (Stern, 1992, S. 190).

Die im Berührungskontakt mit dem Pferd *erleichterte Emotionsregulierung* ist ein sehr häufig beschriebenes Phänomen im Erleben der Patienten und Patientinnen.

»Ich merke, dass, wenn wir in einer therapeutischen Arbeit sind und wenn es um angespannte Dinge geht, dass ich mich schneller einregeln kann, wenn das Pferd dabei ist. Weil das Pferd sich unter Umständen von mir nicht irritieren lässt, entspannt bleibt oder einfach nur Abstand sucht, um davon nicht erfasst zu werden. [...] Und ich sehe die Reaktion des Pferdes auf mich. Oft sind das Feinheiten beim Pferd, die vielleicht auch nicht jeder unbedingt mitkriegen würde« (Herr C.).

Die im weitesten Sinne *antidissoziative Wirkung* der Pferde scheint beiden Therapiepartnern Sicherheit zu geben.

»Es kam zu dem Punkt, dass wir an die Trauma-Konfrontation gingen, wo meine bevorzugte Arbeitstechnik eben EMDR ist. Meine Motivation, zum Pferd zu gehen, war, dass es die emotionale Sicherheit besser herstellt. [...] Wir haben dann begonnen, indem wir mit ihr auf dem Pferd gelaufen sind. Da war es dann einfach möglich, dass sie erzählen konnte« (Ilka Parent).

Der amerikanische Psychologe Walter B. Cannon prägte 1915 den Begriff »fight-or-flight response« (»Kampf-oder-Flucht-Reaktion«), der die Reaktion von Tieren auf Bedrohung und die rasche körperliche und seelische Anpassung von Lebewesen in Gefahrensituationen als Stressreaktion beschreibt. Ausgangsbasis seiner wissenschaftlichen Arbeit und der Erforschung der zugehörigen neurobiologischen Abläufe war sein Interesse an den Hintergründen des häufig auftretenden traumatischen Schockzustands (heute bezeichnet als Posttraumatische Belastungsstörung – PTBS) bei Soldaten im und nach dem Ersten Weltkrieg.

Wenn also weder Kampf noch Flucht möglich sind, Körper und Seele sich in einer für den betreffenden Menschen existenziell bedrohlichen Situation nicht entziehen können, schaltet der Organismus auf Überlebensstrategien um. Manche Menschen erstarren und dissoziieren in solchen Momenten.

Dissoziativ abgespaltene Erfahrungen – mit den dazugehörenden Emotionen von panischer Angst, Ohnmacht, Entsetzen und Verzweiflung – werden nicht als bewusste Erinnerung abgespeichert. Sie werden quasi eingefroren; ihr plötzliches Wiederauftauchen in Form überflutender Intrusionen[15] entzieht sich so lange der bewuss-

---

15 Als Intrusion wird das Wiedererinnern und Wiedererleben von psychotraumatischen Ereignissen verstanden, in Bildern, Flashbacks (bildhaften Nachhallerinnerungen) und Albträumen. Sie werden zumeist durch einen Schlüsselreiz (Trigger) ausgelöst.

ten Kontrolle, bis ihre einzelnen Elemente (Emotionen, Kognitionen und Körperempfindungen), etwa über *Traumatherapietechniken* wie EMDR (s. Fußnote 11, S. 67), wieder zusammengefügt, integriert und als mehr oder weniger vollständige Erinnerungen in den Hintergrund treten können.

Auch die Ego-State-Therapie ist als traumatherapeutische Methode bewährt. Eine Kollegin unserer Fachgruppe, Monika Mehlem (2018, S. 33 f.), bezieht ihre Pferde in dieses Therapiekonzept ein. »Die Arbeit mit den verschiedenen Ego-States[16] am Pferd ist ein feines und sehr wirkungsvolles therapeutisches Werkzeug, das die Ressourcen dieses Systems nutzt und unterstützt. Ich empfinde immer wieder großen Respekt vor dem Zusammenspiel der Ich-Anteile und den Fähigkeiten unseres Bewusstseins, unser psychisches Überleben zu gewährleisten. Den Pferden scheint diese Arbeit auf mehreren Bewusstseinsebenen eine Selbstverständlichkeit zu sein. Eine der Besonderheiten in der Arbeit mit dem Pferd ist die emotionale Dichte bei anhaltendem Containment. Dissoziationen von Patientinnen kommen im Kontakt mit dem Pferd seltener vor oder gestalten sich anders. Neben den regressiven Ich-Anteilen bleibt in der Regel mindestens ein ressourcenvoller Anteil präsent.«

Ilka Parent reflektiert sehr eindrücklich die Wirkungen des sich in der Bewegung synchronisierenden Gehens und Laufens eines ihrer Patienten mit dem Pferd:

»Wenn zwischen dem Patienten und dem Pferd Synchronisationen entstehen, meistens im gemeinsamen Laufen, wobei Körper, Haltung, Schultern – bis zum Gleichschritt – sich zwischen Pferd und Patient synchronisieren, dann sind das die Momente, wo ich weiß, dass er ganz da ist. Das sind die Momente, wo er den Zugang zu sich selbst hat.«

---

16 Die traumabedingte Dissoziation, die Menschen mit einer multiplen Persönlichkeitsstörung zugrunde liegt, wird u. a. mit dem Bild einer gesprungenen Glasschale verglichen. John und Helen Watkins beschrieben in dieser Weise voneinander abgespaltene Persönlichkeitsanteile als Ego-States. Die Ego-State-Therapie versucht, die einzelnen Anteile durch Aufbau einer wertschätzenden Beziehung zu ihnen und auf diese Weise ihre Vernetzung miteinander zu einem inneren Team zu integrieren.

Erinnern wir uns an die Aussagen von Julius, Beetz und Ragnarsson (2017, S. 149): »Dabei sieht es so aus, als wenn das Oxytocin-System und das Spiegelneuronensystem durch eine Rückkopplungsschleife miteinander verknüpft sind: Oxytocin erhöht die Aktivität der Spiegelneuronen, sodass der Grad der Synchronizität steigt. Synchronizität wiederum begünstigt die Freisetzung von Oxytocin« (s. Kapitel 2.2).

Es scheint, dass sich synchronisierende Körperhaltungen und Bewegungen nicht nur mit einem emotionalen Sich-Einschwingen und einer (auch) Oxytocin-vermittelten, größeren Beziehungsoffenheit zur Therapeutin einhergehen, sondern dass darüber hinaus eine durchlässigere Beziehung zur eigenen Innenwelt möglich wird. Wir erleben unsere Emotionen körperlich – Angst erhöht unseren Puls, Traurigkeit lässt uns Tränen weinen, und wenn wir etwas Lustiges erleben, lachen wir. Länger anhaltende emotionale Zustände und beeindruckende Erfahrungen beeinflussen unsere Körperlichkeit, etwa unseren körperlichen Ausdruck, den Ausdruck und Blick unserer Augen, unseren Muskeltonus, die Art und Weise, wie wir uns bewegen. Wir ziehen den Kopf ein und die Schultern hoch, gehen gebeugt, wenn wir häufige Demütigung erfahren haben, atmen flach, wenn wir uns keinen Raum nehmen.

Das Pferd bewegt den Menschen, und das äußere, körperliche Bewegtwerden bewegt uns auch innerlich, befreit Emotionen, löst Blockierungen und Erstarrungen – manchmal verbunden mit Tränen und heftigem Weinen. Körperliche Berührung, zärtlich und liebevoll oder grob und gewaltsam, berührt uns auch seelisch, löst Vertrauen aus oder Angst, oder im Fall gravierender Traumatisierung eben Dissoziation.

»Ja. Ich habe gemerkt, diese erste Begegnung mit dem Pferd, das war so, dass er mich richtig ins Hier und Jetzt zurückgeholt hat, dass ich einfach so richtig zu mir gekommen bin. Manchmal bin ich so durcheinander und der hat mich – ja – zentriert. Also er hat immer wieder dieses ›Komm mal her, wir sind jetzt hier‹ bewirkt, und das war eigentlich so eine bleibende Erfahrung. Das hat mich sehr berührt, mir sind dann so sehr die Tränen gelaufen, weil er mich gleich so gesehen hat, er kennt mich ja irgendwie« (Frau E.).

Die Vorstellung eines *Zellgedächtnisses* spielt in der Epigenetik[17] wie in der Psychosomatik eine wesentliche Rolle. Der Begriff beschreibt ein Phänomen, das auch als *Körpergedächtnis* im Sinne unbewusster, körperlich abgespeicherter und körperlich aktivierbarer innerer Bilder und Erinnerungen bekannt ist. Die Psychosomatik versteht als medizinisch-psychologische Krankheitslehre den Menschen als biopsycho-soziale Einheit. Sie misst psychischen Prozessen bzw. psychosozialen Einflüssen bei der Entstehung und Heilung körperlicher Leiden eine wesentliche Bedeutung bei. Dies ist nicht nur im Sinne kausaler Wechselwirkungen gemeint, sondern auch als analoger Ausdruck bestimmter Themen oder Konflikte, sowohl auf der psychischen als auch auf der somatischen Ebene.

Wilhelm Reich schuf seit den 1920er Jahren, von der Psychoanalyse ausgehend, die Grundlage für eine körperbezogene Psychotherapie. Er verstand dysfunktionale Körperhaltungen als Muster und Ausdruck einer Affektabwehr, die sich nicht nur psychisch, sondern auch körperlich bemerkbar macht. Dies führte ihn dazu, über die Arbeit an muskulären Verspannungen abgewehrte Affekte zu mobilisieren, zu ihrem lebensgeschichtlichen Sinn vorzudringen und damit Selbstheilungsprozesse einzuleiten. »Jede muskuläre Verkrampfung enthält die Geschichte und den Sinn ihrer Entstehung. [...] Die Neurose ist nicht etwa nur der Ausdruck einer Störung des psychischen Gleichgewichts, sondern [...] der Ausdruck einer chronischen Störung des vegetativen Gleichgewichtes und der natürlichen Beweglichkeit. [...] Die Verkrampfung der Muskulatur ist die körperliche Seite des Verdrängungsvorganges und die Grundlage seiner dauernden Erhaltung« (Reich, zit. nach Marlock u. Weiss, 2006, S. 53).

»Ja. Aber dieses Wunderbare ist das Getragenwerden. Das ist für mich, vielleicht auch weil ich ein Handicap habe, einfach ungeheuer, enorm, getragen

---

17 Die Epigenetik beschäftigt sich mit der Frage: Wie weit sind wir und alle Lebewesen durch unsere Gene vorprogrammiert und wie stark kann die Umwelt diese Programme verändern und prägen? Die Epigenetik erforscht Mechanismen von Molekülen, die unterschiedliche Zustände der Genaktivität im Kontext derselben DNA-Sequenz bewirken können.

zu werden, dieses Vertrauen wieder zu lernen. Diese frühen Traumatisierungen, die sitzen ja auch im Körper, die sitzen nicht nur in der Seele, die sitzen im Körper und ich glaube, dass diese wiegende Bewegung mit der Zeit wirklich auch dem Körper hilft, diese ganzen Erstarrungsreaktionen loszulassen« (Angelika Rückl-Kast).

Auf dem Pferd werden charakteristische Körpermuster als Ausdruck psychischer Befindlichkeiten sehr schnell deutlich. Mehlem (1994, S. 75) beschreibt ihre Eindrücke von Patientinnen mit Essstörungen, die oft im Kontakt wenig spürbar sind, sich überangepasst verhalten, nicht aufzufallen bemüht sind und alles vermeiden, was dazu beitragen könnte, sie als Last zu empfinden: »Sie sitzen auf den Oberschenkeln, leicht nach vorne gebeugt, halten den Atem im oberen Brustkorb fest und kämpfen mit der Angst, das Pferd könnte unter ihnen zusammenbrechen.«

Im Laufe der Therapie ändern sich – wenn es gut geht – diese Haltungen: »Das Pferd lässt die körperliche Abwehr des Reiters schmelzen. […] Mit jedem Schritt des Pferdes können sie ihre innere Anspannung lösen, die Beine werden allmählich länger, der Atem wird tiefer, und die Gesäßmuskeln entspannen sich zunehmend, bis sie wirklich ihr Körpergewicht dem Pferd anvertrauen. Dieses Loslassen bedeutet manchmal ein Loslassen jahre- oder jahrzehntelanger Beherrschung von Gefühlen und entlädt sich oft in befreiendem Weinen. So findet Erdung statt, ohne dass die Füße den Boden überhaupt berühren« (Mehlem, 1994, S. 77).

»Er hat sicher gespürt, wie ich drauf gesessen bin, aber ich habe dann auf einmal keine Angst mehr gehabt. Ich hätte ewig da sitzen können und konnte mich dann sogar ganz loslassen« (Frau Sch.).

Die emotionale Verbundenheit mit dem Pferd, ganz besonders in Kombination mit körperlicher Berührung, öffnet den Menschen hin zu den eigenen, unter Umständen lange unterdrückten Emotionen.

»S. hat viel mehr Kontakt zu ihren Gefühlen. Also, sie kriegt jetzt mit: Abschied, da weint sie. Und – sie ist irgendwie ganz emotional geworden, das ist ganz schön, ich glaube, weil sie mit dem Pferd so etwas Körpernahes hatte, was ihr bislang aus ihrer Lebensgeschichte heraus gefehlt hat« (Barbara von Morgen).

Vor allem die wiegende Bewegung des Pferdes im Schritt, häufig in Verbindung mit sich synchronisierender Atmung oder sogar der Herzfrequenz, berührt vermutlich auch Erfahrungen vorgeburtlichen Getragenseins. Wir wissen um die beruhigende Wirkung des Getragenwerdens auf Säuglinge – wobei auch hier die Berührung und die Wärme des Körpers der Mutter, des Vaters, der Rhythmus ihrer Bewegung, der Klang ihrer Stimme und die affektive Feinabstimmung eine wesentliche Rolle im Gesamtkontext dieses zwischenmenschlichen Bewegungsdialogs spielen.

»Ich weiß, es tut mir gut, ich merke das, dass meine Angespanntheit und Atmung runtergeht, und das spüre ich mittlerweile wieder deutlich. Das war lange Zeit, auch unter dieser generellen körperlichen Anspannung mit Rückenschmerzen usw. sehr zugeschüttet. Wenn das Pferd dabei ist, fühle ich mich gut aufgehoben. Ich krieg über das Pferd mit, was um mich rum ist, ich krieg mich selber auch mit – Dinge, die unterschwellig bei mir laufen, die ich sonst nicht so im Fokus habe« (Herr C.).

Die Beruhigung, die vom Pferd ausgeht, scheint ein gewisses Vertrauen hinsichtlich der Regulierbarkeit schwieriger, negativ konnotierter Emotionen wie Angst, Trauer oder Wut zu generieren. Sie erleichtert es den Patienten, sich auf die Bearbeitung hoch emotional besetzter Situationen, gegebenenfalls auch traumatischer und ursprünglich dissoziativ bewältigter Erlebnisse und Erfahrungen, einzulassen.

»Mit Amin ist es vor allem die Verbundenheit, die da ist – und die Synchronisierung. Er ist so intuitiv, manchmal wenn ich ausatme, einen tiefen Seufzer mache, dann folgt innerhalb kurzer Momente auch ein Seufzer vom Pferd« (Marilyn).

Wenn Pferd und Mensch sich so weit aufeinander einschwingen, dass das Pferd mitatmet, sind Erfahrungen symbiotischer Verbundenheit und Sehnsucht nach Einssein mit sich und einem anderen Wesen berührt.

»Ich glaube, am schönsten finde ich es halt einfach immer, wenn ich so wirklich das Gefühl habe, ich bin mit ihr so im Einklang und wir sind so eine Einheit« (Valerie).

»Und deswegen ist ein Pferd, wenn es so auf mich reagiert, eine unersetzbare Hilfe auf dem Weg, zurückzufinden in die Einheit« (Frau M.).

Die Sehnsucht nach körperlicher Nähe ist in der Regel von der Therapeutin nicht zu erfüllen. Mit dem Pferd – wie bereits in Kapitel 8.3.2 und 8.3.4 beschrieben – kann körperliche Wärme und Nähe unmittelbar erfahren werden.

»Ich bin anfangs viel ohne Sattel geritten. Und ich kann mich erinnern, dass mir auch die Wärme viel gegeben hat. Also, ich saß ohne Sattel auf dem Pferd, das war alles so warm, und so weich. Man konnte das Pferd noch intensiver spüren« (Frau A.).

Das Pferd bewegt den sich auf seinem Rücken aufrichtenden und Balance suchenden Menschen. So fordert und fördert es psychisch wie physisch Aufrichtung und Gleichgewicht, es bringt den Menschen in seine Mitte, ins Lot. Ähnlich, wie wir unsere Hand unter einem vollen Tablett immer in die Richtung bewegen würden, in der wir ein Ungleichgewicht ausgleichen müssten, bewegt sich das Pferd unter die Last, also den Menschen, den es trägt. Dieser muss sich der dreidimensionalen Bewegung des Pferderückens im eigenen Becken beweglich anpassen, um eins zu werden mit der Bewegung des Pferdes.

Die Amerikanerin Jean Liedloff publizierte 1985 unter dem Titel »Auf der Suche nach dem verlorenen Glück – Gegen die Zerstörung unserer Glücksfähigkeit in der frühen Kindheit« ihren Bericht über mehrere Expeditionen zu den Yequana-Indianern im Urwald Venezuelas, die ihre Säuglinge und Kleinkinder über lange Zeit immer und überall mit sich umhertragen. Die Vielzahl propriozeptiver und vestibulärer Reize, die ständige nonverbale Kommunikation und das mal ruhigere, in der Arbeit sicher auch mal aktivere Bewegtwerden im Körperkontakt mit den Müttern, scheinen sich nachhaltig auf die persönliche Zufriedenheit und besondere soziale Friedfertigkeit dieser Menschen ausgewirkt zu haben.

Das Pferd bewegt sich in seinen drei Gangarten – Schritt, Trab und Galopp – in sehr unterschiedlichen Rhythmen und Geschwindigkeiten mit entsprechend verschiedenen Bewegungsqualitäten. Der ruhige, wiegende Viertakt des Schritts, der schwungvolle Zweitakt des Trabes und der runde, gesetzte Dreiviertel-Walzertakt eines ruhigen Galopps oder die elastisch gespannte, vorwärts schnellende Bewegung des Pferderückens im Renngalopp – diese verschiedenen Gangarten vermitteln sehr unterschiedliche Empfindungen.[18]

»Wenn das Pferd trabt, fühlt es sich an wie Fliegen, irgendwie. Der Wind, wenn dann noch der Wind weht, dann ist es schon ein berauschendes Gefühl. Wenn man dann auf dem Pferd sitzt, das so läuft, fühlt man sich frei – ja, frei und geborgen« (Jessika).

Freiheit in der Geborgenheit und Geborgenheit in der Freiheit – damit sind Gefühle einer Jugendlichen mit ihrem Pferd beschrieben, die vielleicht Angst, Haltlosigkeit und Einsamkeit in der Beziehung zu einer psychisch schwer kranken Mutter ein wenig besser ertragen halfen.

»Neben dem Rhythmus hat das Tempo großen Einfluss auf die Gestimmtheit des Reiters. Für Patienten mit Stresssymptomatiken kann die Entspannung im Schritt oder die bewusste Körperwahrnehmung auf dem stehenden Pferd die Erfahrung von innerer Ruhe vermitteln, die nicht selten tiefe Traurigkeit mit sich bringt; für den depressiven Menschen ist es eher der Trab oder Galopp, der unterdrückte Lebendigkeit wieder erfahrbar macht« (Mehlem, 1994, S. 76).

»In den Körper zu kommen und den Körper, sowohl den Pferdekörper in den kalten Stunden im Winter als wärmend zu erleben und aber auch den eigenen Körper zu spüren, wie er von dem Pferd getragen wird, wie die

---

18 Bei Isländern kommen je nach Zuchtschwerpunkt ein bis zwei weitere Grundgangarten – Tölt und Pass – mit ganz besonderen Bewegungsqualitäten hinzu.

Beine das Pferd umschlingen – das sind ja eigentlich ganz sensationelle Körperempfindungen, die da passieren. [...] Mit Anna gab es aber auch noch einen anderen Moment, der nicht nur rein äußerlich ist. Anna ist ja sehr klein und hat das auch immer so empfunden, dass sie sehr klein ist. Ich habe lange gedacht, dass dieses Kleinsein für sie nicht wirklich ein Riesenproblem war. Und dennoch schien es, als ob ihr vom Zuhause her einfach nicht genug Größe mitgegeben worden wäre. Dies auch im übertragenen Sinne, und vielleicht fürchtete sie auch deshalb, verschlungen zu werden. Die Pferde haben ihr Größe gegeben. Sie saß ja auf dem Pferd und ich bin bestimmt 30 cm größer als sie und ging neben dem Pferd – aber jetzt war sie viel größer als ich« (Anne-Kristin Siemering).

»Und ich finde auch einfach das Gefühl, dass man hoch oben ist, sehr schön. Ich finde, dass man sich so ein bisschen mächtiger fühlt irgendwie. Es macht schon viel aus, man sitzt aufrecht, man wird bewegt und man hat aber auch, so im wahrsten Sinne des Wortes, die Zügel in der Hand« (Sophie).

Auf dem Rücken des Pferdes an physischer Größe zu gewinnen, die auch psychisch aufwertet, Achtung und Selbstachtung erhöht, ist gewiss ein erhebender Moment!

Überblick zu Kapitel 8.4
Das basale, körperlich-seelische Erleben des wiegenden Getragenwerdens auf dem Pferderücken knüpft an präverbale, möglicherweise auch pränatale Erfahrungen an. Häufig werden durch diese in jeder Hinsicht bewegenden Körperempfindungen im Körpergedächtnis gespeicherte Erinnerungen und innere Bilder berührt. Damit verbundene, auch schwierige, schmerzliche und abgespaltene Emotionen können u. a. über die Lockerung muskulärer Erstarrungen gelöst und wahrnehmbar werden. Zugleich tragen die als beruhigend, erdend und zentrierend beschriebenen *Wirkungen des Bewegungsdialogs* mit dem Pferd zur Regulierung dieser Emotionen bei. Das Pferd kann Wünsche und Sehnsüchte nach Größe im weitesten Sinne und nichtsexualisierter, körperlicher Nähe erfüllen. Darüber hinaus nehmen die verschiedenen Rhythmen und Tempi des Bewegtwerdens auf dem Pferderücken Einfluss auf die innere Bewegtheit und Gestimmtheit der Reitenden.

8.5 Dimensionen einer ganz besonderen Verbindung – Intersubjektivität artübergreifend

Oft wird die Verbindung und Verbundenheit mit dem Pferd als eine ganz besondere, nahezu mystische erlebt und empfunden. Dieses diffizile und sensible Thema verdient besondere Beachtung, sind es doch jene »theoretisch schwer erklärbaren Phänomene«, auf die auch Ralf Vogel (Kapitel 2) verweist.

»Es ist diese Verbundenheit, die immer wieder genannt wird. Es ist etwas, was eigentlich nur gefühlt werden kann, ob das jetzt von meinem eigenen Erleben oder von dem Erleben der Menschen ist, mit denen ich gearbeitet habe. Was immer wieder beschrieben wird: Wenn ein Mensch vollkommen präsent ist, dann kann diese Verbindung hergestellt werden vom Pferd« (Ilka Parent).

»Also ich glaube schon, dass die Pferde wissen, wenn es den Kindern grade nicht gut geht oder wenn es mir nicht gut geht. Ein Pferd passt dann auf, dass es mich jetzt nicht noch extra aufwühlt oder so etwas, sondern dass es mich wieder beruhigt. Ja« (Maja).

Wir alle, die wir mit Pferden umgehen, kennen das Empfinden dieser besonderen Verbundenheit mit ihnen und ihr menschenbezogenes, dem Menschen zugewandtes Wesen.

»Ich glaube, dass Pferde eben nicht nur reagieren, sondern manchmal halten sie auch die Gefühle. Also im Sinne von, ich spüre was, aber ich trage das jetzt, ohne wegzulaufen oder Angst zu bekommen. Das ist vor allem dann so, wenn es um ganz schwach strukturierte Menschen geht. Dafür haben Pferde, glaube ich, auch noch mal ein sehr gutes Gespür, wie sie in eine Beziehung zum Partner Mensch gehen – und den Menschen dann mehr auf so einer schützenden, mütterlichen Ebene begegnen. Das finde ich sehr, sehr beindruckend immer wieder. Und es ist egal, ob es ein Kind oder ein Erwachsener ist« (Barbara von Morgen).

»Und dann gehe ich davon aus – ich denke, ich kann es am besten erklären mit dem Jung'schen Begriff des kollektiven Unbewussten, ich glaube einfach, dass die Pferde viel intensiver und unmittelbarer damit verbunden sind als wir« (Angelika Rückl-Kast).

In seinen Konzepten zur Übertragungsbeziehung bzw. zur therapeutischen Beziehung allgemein geht Jung davon aus, dass zwischen Therapeut und Patient eine unmittelbare Beziehung zwischen beider Unbewusstem entsteht, ein Bereich, in dem die beiden Personen zumindest zeitweise miteinander verschmolzen sind und sich gegenseitig stark beeinflussen. Dieser Bereich ist so vorgestellt, dass er nicht nur Teil der Persönlichkeit der beiden Therapiepartner, sondern zum kollektiven Unbewussten und seinen archetypischen Strukturelementen hin offen ist. Jung gebraucht für die gegenseitige Beeinflussung und Verbindung im Unbewussten der Analysepartner den ursprünglich durch den französischen Philosophen und Ethnologen Lucien Lévy-Bruhl geprägten Begriff der »participation mystique«.

»Neben diesen persönlichen unbewussten Inhalten gibt es aber andere Inhalte, die nicht aus persönlichen Acquisitionen, sondern aus der ererbten Möglichkeit des psychischen Funktionierens überhaupt, nämlich aus der ererbten Hirnstruktur stammen. Das sind die mythologischen Zusammenhänge, die Motive und Bilder, die jederzeit und überall, ohne historische Tradition oder Migration neu entstehen können. Diese Bilder bezeichne ich als *kollektiv unbewusst*« (Jung, 1971, S. 527).

Stern überführte seine Erkenntnisse zur Intersubjektivität in der frühkindlichen Entwicklung in eine Konzeptualisierung *psychotherapeutischer Intersubjektivität*. In den Jahren dazwischen entdeckte die Neurobiologie die Spiegelneuronen und Stern unterschied die primäre Intersubjektivität (Synchronisation, Imitation, Gefühlsabstimmung) von den später auftauchenden Manifestationen sekundärer Intersubjektivität, der *Empathie im eigentlichen Sinne*. Die Spiegelneuronen sind die biologische Basis dieses Kontinuums. »Die Existenz einer intersubjektiven Matrix definiert den psychischen Kontext, in dem die therapeutische Beziehung Gestalt annimmt. Übertragung und Gegenübertragung sind lediglich Sonderfälle eines ständigen Prozesses« (Stern, 2005, S. 108).

Es ist anzunehmen, dass Stern ähnliche Phänomene psychischer Austauschprozesse betrachtet, wie Jung sie mit seinem Konzept des gemeinsamen Unbewussten und der participation mystique der Analysepartner beschrieb.

Stern stellt ferner die Frage, ob Intersubjektivität als eine autonome Ichfunktion oder eher als primäres, auch allen sozial lebenden Tieren gemeinsames, *psychobiologisches Grundbedürfnis* zu verstehen ist, und schließt: »Es besteht kein Zweifel, dass ihr verstärkender Charakter mit der Befriedigung von *Sicherheitsbedürfnissen* oder dem Erreichen von *Bindungszielen* verknüpft ist« (Stern, 1992, S. 195).

»Einfach in Erinnerung sind halt immer diese Momente, gar kein Bild, sondern mehr so ein Gefühl, wo ich mich wirklich verbunden gefühlt habe mit dem Pferd und gemerkt habe, okay, wir haben irgendwie gerade ›einen Draht‹ zueinander und sind nicht einfach nur so zusammen, sondern wir sind wirklich so eine Einheit miteinander« (Sophie).

Wie aber ist das instinkthafte Bewusstsein der Pferde beschaffen? Es scheint, als wären Pferde in therapeutischen Situationen ebenfalls in Resonanz mit dem Unbewussten, vor allem mit den bewussten und den ins Unbewusste verdrängten Emotionen der mit ihnen interagierenden Menschen. Unsere domestizierten Pferde sind von Geburt an auch durch den Menschen geprägt. Indem wir sie beherbergen, füttern, pflegen und bewegen, sind wir Teil ihrer Herde, sie haben gelernt, den Menschen zu lesen, ihm zu folgen und im besten Fall zu vertrauen (s. Kapitel 5.2).

Lassen sich die von Stern postulierten Merkmale intersubjektiver Bezogenheit – die gemeinsame Ausrichtung der Aufmerksamkeit, die intentionale Gemeinsamkeit und die Gemeinsamkeit affektiver Zustände – womöglich auch im Herdenverhalten unserer Pferde wiederfinden? Sind sie vielleicht sogar in der Interaktion zwischen Pferden und Menschen beobachtbar?

Exkurs: Verhaltensbeobachtungen in der Pferdeherde

Abbildung 7: Erstes Gewahrwerden einer die Aufmerksamkeit anziehenden Situation

Die Antwort lautet: Ja. All diese Merkmale intersubjektiver Bezogenheit finden wir auch im ganz alltäglichen Herden- und Gruppenleben unserer Pferde wieder. Als Fluchttiere synchronisieren Pferde ihre Körperhaltungen und ihre Wahrnehmung, wenn ein Mitglied der Gruppe etwas sieht, was seine Aufmerksamkeit anzieht. Nehmen wir an (s. Abbildung 7), sie sehen und hören zwei Waldarbeiter mit lauten Sägen hinter der eigenen Koppel. Die gemeinsame *Aufmerksamkeit* aller drei Pferde scheint sich dorthin zu richten – das Pferd im Vordergrund ist vermutlich auch ein wenig bei der Fotografin. Möglicherweise ergibt sich daraus die *gemeinsame Intention* davonzulaufen. Es entsteht erhöhte Erregung, die sich motorisch umsetzt in schnelle Bewegung. Kurz darauf vielleicht ein gemeinsames Innehalten und Zurückblicken, erneut aufgeregtes Schnauben, imposant oder exaltiert angespanntes, wiederholtes, kurzes Galoppieren. Auf einmal beruhigt sich die Situation, da eines der Pferde realisiert, dass für die Gruppe nicht wirklich Gefahr besteht. Die Gruppe entspannt sich, wendet den Blick ab und anderen Dingen zu, die Bewegungen in der Herde werden langsamer, und sie kommen zur Ruhe – gemeinsame *Affektregulierung*.

Ein weiteres Beispiel könnte das Phänomen der Affektansteckung vermutlich noch besser verdeutlichen. Ein Pferd steht in einer Box mit Fenstern, die eine Aussicht auf Wiesen und ein dahinter liegendes Waldstück gewähren. Ein zweites Pferd ist an seinem Putzplatz angebunden; von dort aus kann es das erste Pferd sehen, hat aber keine Aussicht aus den Fenstern. Das Pferd in der Box schaut plötzlich aufgeregt, mit erhobenem Kopf und gespitzten Ohren, etwas nervös in Richtung Wald, wo drei Rehe äsen. Wenn nun das zweite Pferd am Putzplatz im

Abbildungen 8a und 8b: Hengstjährlinge

gleichen Moment in diese erhöhte Erregung und Anspannung gerät, sein Herz laut hörbar schlägt, kann dies nicht durch die Rehe am Waldrand, sondern nur durch das erste Pferd ausgelöst worden sein. Auch in diesem Fall kommen beide Pferde auf dem Weg wechselseitiger Affektregulierung wieder zur Ruhe.

An einem anderen Tag, einem anderen Ort, wirkt die Situation auf der Pferdekoppel harmonisch und friedlich (s. Abbildung 8a). Es ist Sommer, recht heiß, die gemeinsame Aufmerksamkeit ist den Grashalmen zugewendet, eindrücklich sichtbar im parallel ausgerichteten Grasen.

Bald darauf stecken die Hengstjährlinge die Köpfe zusammen (Abbildung 8b). Das Bild lädt zu Assoziationen ein – vielleicht haben sie sich etwas zu erzählen, wahrscheinlicher ist, dass sie Augen und Köpfe vor Insekten schützen. In jedem Fall scheinen die Jährlinge sowohl ihre affektive Grundstimmung als auch die zu vermutende Intention zu teilen. Auch diese Situation erfüllt alle Merkmale intersubjektiver Bezogenheit, die für die Herde überlebenswichtig ist.

Abbildung 9: Stuten und Fohlen – »Atmender Austausch«

Wenn nun aber Pferde über Spiegelneuronen als Basis ihrer Fähigkeit zur Synchronisation und zu intersubjektiver Bezogenheit verfügen, dann können wir bei ihnen auch basale empathische Fähigkeiten vermuten.

Wirklich spannend wird es mit der Frage, ob Pferde *artübergreifend Intersubjektivität* mit einem Menschen herstellen können, das heißt, ob auch zwischen Menschen und Pferden eine gegenseitige Regulierung der Affekte stattfinden kann (s. Kapitel 5.2).

Hierzu einige weitere kleine Beispiele aus dem eigenen Erleben.

Beispiel 1: Ein vierjähriges Pferd war mit mir zusammen nach Norddeutschland umgezogen. Es war seit einem halben Jahr mit einer kleinen Gruppe anderer Pferde in seinem neuen Stall, der sich in einem meiner Wohnung gegenüberliegenden Hof befand, als die Menschen im Dorf begannen, mit ersten Raketen und kleinem Feuerwerk die Silvesternacht zu feiern. Etwa eine Stunde vor Mitternacht rief die Hofbesitzerin mich besorgt an und schilderte,

Abbildung 10: Mensch und Pferd – »Atmender Austausch« II

dass mein Pferd sich wild und stark schwitzend in seiner Box drehe, scharre und steige; sie befürchtete eine schwere Kolik und wollte den Tierarzt benachrichtigen. Sobald ich bei meinem Pferd war, wurde es ruhig; ich blieb eine Weile neben ihm stehen, sprach mit ihm, gab ihm Heu aus der Hand und freute mich an seiner offensichtlichen Gesundheit. Versuchte ich aber, den Stall wieder zu verlassen, um zu meinen Gästen zurückzukehren, wurde es erneut panisch. Ich musste bleiben, bis keine Knaller mehr zu hören waren, erst dann konnte ich gehen.

Eindeutig war hier, dass dieses Pferd seine Aufregung nicht über die Gelassenheit der anderen Pferde in seiner unmittelbaren Nähe regulieren konnte, sondern den ihm vertrauten Menschen brauchte, um sich beruhigen zu können.

Beispiel 2: Es war ein sehr kalter, norddeutscher Winter mit zweistelligen Minusgraden, Eis, Schnee und zugefrorenen Flüssen. Ich war schon sechs Wochen lang mit dem Vierjährigen täglich nur zu

Fuß spazieren gegangen, als an einem Sonntagmorgen die Frühlingssonne herauskam und ich dachte, endlich wieder ein wenig reiten zu können. Auf der ersten, immer noch schneebedeckten und gefrorenen Wiese hinter einer kleinen Brücke saß ich auf, blieb aber keine fünf Minuten im Sattel, da mein junges Pferd fröhlich und übermütig nach Kräften losbuckelte. Während ich dem in Richtung Stall – zurück zur Herde – davongaloppierenden Wallach nachsah, trat er in die Zügel und riss sich die Trense vom Kopf; vor ihm lag der zugefrorene Fluss, neben ihm die eisbedeckte Straße und die Brücke, über die wir zuvor gegangen waren. Vor meinem inneren Auge sah ich ihn bereits in das Eis einbrechen, würde er geradeaus weiterlaufen, oder zu Fall kommen, würde er die Straße wählen. Inzwischen war er schon etwa hundert Meter entfernt, und es blieb mir nichts anderes übrig, als ihn verzweifelt und wenig aussichtsreich zu rufen. Plötzlich hielt er an, schaute sich um und wartete, bis ich bei ihm war. Mit meinem Gürtel konnte ich ihn nach Hause führen, uns beiden war nichts passiert. Offenbar war seine Bindung an den Menschen auch in dieser Situation stärker als seine Bindung an die Herde.

Beispiel 3: Für meine sehr sensible Stute waren vor einer Weile zwei vom Sturm umgekippte Gartenstühle ein Schrecknis. Es war ihr nicht möglich, dieses Hindernis, obwohl jenseits des Zaunes, am Abend auf dem Weg von der Koppel zum Stall zu passieren. Selbst der jüngere Wallach, der längst daran vorbeigegangen war, konnte sie nicht von der Ungefährlichkeit der Gegenstände überzeugen. Ich musste zu ihr hin und dann vorausgehen; erst da konnte sie (ohne Halfter und Führstrick) folgen – ohne den Stühlen weitere Beachtung zu schenken.

Beispiel 4: Bei einem Ausritt kam derselben Stute und mir plötzlich ein Radfahrer auf einem dreirädrigen Liegerad mit wehenden Fähnchen auf einem Waldweg entgegen. Er näherte sich schnell, und ich antizipierte innerlich verschiedene mögliche Schreckreaktionen meiner Stute. Sie aber zeigte nicht die geringsten Anzeichen von Angst und sogleich konnte auch ich mich wieder entspannen. Hier handelte es sich um einen beim Reiten so oder ähnlich häufig vorkommenden Moment gegenseitiger Affektabstimmung in Sekundenbruchteilen.

Nach diesen kleinen Beispielen für intersubjektive Bezogenheit zwischen mehreren Pferden und zwischen Mensch und Pferd komme ich zurück zu den Ergebnissen unserer und einer weiteren Studie.

Schilderungen gegenseitiger Emotionsregulierung in den Interviews illustrierten vor allem beruhigende, antidissoziative Wirkungen der Pferde auf manche der Patientinnen. Andere wiederum fühlten sich durch das offene, zugewandte Interesse der Pferde emotional *aufgehoben*, in ihrem ganzen Wesen *gemeint, verstanden* und sogar *geliebt*.

»Ja, es ist eine besondere Art von Verbindung, und da traut man sich halt auch viel mehr, man selbst zu sein, weil man ja auch so ein ganz anderes Feedback vom Pferd bekommt, als man von Menschen kriegen kann. Das Pferd nimmt alles auf und nimmt alles wahr, was man ihm entgegenbringt« (Valerie).

Inwieweit eine *artübergreifende* Verständigung und emotionale Berührung zwischen Mensch und Tier durch gemeinsame Wurzeln der Kommunikation stattfindet und inwieweit die nonverbale Interaktion mit Pferden frühkindlichen Interaktionen zwischen Säugling bzw. Kleinkind und Bezugspersonen gleicht, diese vielleicht sogar heilsam überwachsen kann, wurde auch von der Wiener Forschungsgruppe um Thomas Stephenson und Roswitha Zink untersucht. »Diese Erkenntnis könnte zur Folge haben, dass nicht nur menschliche Interaktion uns ein Leben lang beeinflusst, sondern unter besonderen Bedingungen uns die Interaktion mit einem Pferd stärker an diese frühen Muster erinnert und dazu dienen könnte, unser nonverbales Repräsentationssystem mit neuen Interaktionserfahrungen zu bereichern und Aktualisierungen zuzulassen« (Gansterer, 2011, S. 51).

Die Autorin versuchte nachzuweisen, »dass Sterns Kriterien einer auf Affektabstimmung beruhenden Mutter-Säuglings-Interaktion auch im besonderen Rahmen der freien Interaktion zwischen Kind und Pferd wieder gefunden werden können«. Sie kam zu dem noch als Vermutung formulierten Schluss, dass »Pferde ebenfalls ein mentales System besitzen, das Interaktionserfahrungen sammelt und diese zu Mustern zusammenfasst, die abrufbar sind und in Verbindung mit Affekten in Interaktionen eingesetzt werden«. Dies würde voraussetzen, »dass Pferde nicht nur die Fähigkeit besitzen, emotionale Zustände von Menschen zu erkennen, sondern auch selbst ein hoch ausgebildetes Affekt(regulierungs)system besitzen« (Gansterer, 2011, S. 129).

Ein belastbarer *Nachweis* ist, in einer auf vergleichbare Items reduzierten Laborsituation, meiner Ansicht nach jedoch schwierig. Die mit Videoaufzeichnung begleiteten und anschließend quantitativ ausgewerteten Begegnungssituationen in der Wiener Untersuchung waren durch Vorgaben relativ stark vorstrukturiert; vier Kindern wurden sieben konkrete Aufgaben für die freie Interaktion (ohne Hilfsmittel) mit dem Pferd gegeben, zum Beispiel ein Hindernis zu überwinden, das Pferd zum freiwilligen Folgen auf einer bestimmten Wegstrecke zu bewegen etc. Eine solche Untersuchungsanordnung ist jedoch mit einer auf natürlichem Wege entstehenden, nicht bereits im Voraus stark determinierten Begegnungssituation kaum zu vergleichen.

Das Ganze – der Interaktion zweier lebender Organismen – ist immer mehr als die Summe seiner Teile. So ist und bleibt ein Teil der Verständigung zwischen Mensch und Pferd, trotz aller Erkenntnisse aus Neurobiologie und Entwicklungsforschung, wohl doch ein Geheimnis.

Dennoch möchte ich noch einen Schritt weiter gehen und mich aus einer anderen Perspektive annähern. Vielleicht ist es so, dass gerade in der therapeutischen Situation besondere Resonanzbereitschaften in den Pferden evoziert werden. Marika Weiger äußerte im Interview:

»Die Pferde geben, glaube ich, in die therapeutische Situation sehr viel Eigenes hinein, das getragen ist von einem unglaublichen Wissen und einer Tiefe, als würden Jahrtausende im Hintergrund mitwirken. Es ist wirklich sehr, sehr beeindruckend, dabei sein zu dürfen und spüren und beobachten zu können, was da passiert, ohne dass man es wirklich erklären könnte.«

Jahrtausende wirken auch durch die Mythen und Märchen hindurch. In ihren Bildern und ihrer Symbolik verdichten sich menschheitsgeschichtlich relevante Welt- und Seinserfahrungen. Sie bilden den *archetypischen Hintergrund,* jene Urbilder der Psyche, die C. G. Jung in ähnlicher Weise als strukturgebend für unser Seelenleben beschrieb, wie Instinkte das Verhalten der Tiere beeinflussen.

In den Märchen trägt das Pferd den Menschen, meist den jugendlichen Helden oder die junge Heldin, durch Initiations- und Entwicklungsprozesse. Häufig *wissen* die Pferde, was zu tun ist – oft lenken sie als steuernde, dynamische Energie die Ereignisse, mal mit eher mütterlich schützenden Qualitäten, mal mit Kampfgeist, Kraft, Schnelligkeit und Mut. Das Pferd ist heilsamer, quasi therapeutischer Begleiter – denn es führt den Märchenhelden oder die Märchenheldin zumeist aus einer Notlage oder einer blockierten Lebenssituation durch Krisen und existenzielle Bewährungsaufgaben an einen besseren inneren und äußeren Ort, oft ins Erwachsensein. »Crin blanc«, »Fury« oder »Der schwarze Hengst« – in heutigen Tagen »Ostwind« – sind moderne Märchen; in ihnen beschützen die Pferde die Kinder, retten sie vor dem Ertrinken, aus Feuer und Flammen oder eben auch aus vernachlässigenden Elternhäusern.

Aus der griechischen Mythologie kennen wir die durch Cheiron personifizierte Gestalt des verwundeten Heilers. Cheiron, halb Mensch, halb Pferd, ist ein über großes Heilwissen verfügender Kentaur. Weise und hoch gebildet, besitzt er die Fähigkeit zu heilen – aus seiner eigenen Leidensgeschichte heraus. Er vermag seine eigenen Schmerzen, zugefügt durch einen Pfeil des Herkules, nicht zu lindern, lehrt aber andere, zu heilen. So gilt er als Lehrer des Asklepios und ist Halbgott, Therapeut und Heiler in Pferdegestalt.

Der griechische Mythos der Kentauren versinnbildlicht eine frühe, archaische Stufe der engen, zuweilen symbiotisch vorgestellten Mensch-Pferd-Beziehung. In der Erzählung von Cheiron begegnen uns das aus der Verbindung von Mensch und Pferd hervorgehende, heilende Potenzial ebenso wie das Leiden und die Verletzlichkeit. Auch bei Psychotherapeutinnen und Psychotherapeuten ist es das Wissen um die eigenen Wunden, die eigene Verletzlichkeit, das sie zu empathischem Verstehen der Verletzungen der Patienten und Patientinnen befähigt.

> **Überblick zu Kapitel 8.5**
> Auf der Basis des gemeinsamen, evolutionären Erbes aller Säugetiere wurden Intersubjektivitätsmerkmale im Verhalten der Pferde untereinander und *artübergreifend,* in der Interaktion mit dem Menschen, beschrieben. Die experimentelle Untersuchung gemeinsamer kommunikativer Wurzeln der Verständigung bringt auch eine Wiener Forschungsgruppe zu dem Schluss, dass Pferde die Fähigkeit haben, emotionale Zustände von Menschen zu erkennen. Pferde besitzen offenbar ein hoch ausgebildetes Affektregulierungssystem. Archetypische Bilder und mythologische Narrative untermauern die besondere Dimension der in den Interviews häufig erwähnten »tiefen Verbundenheit« zwischen Mensch und Pferd. Dies wird bei den in Kapitel 9 besprochenen Imaginationen umfassender ausgeführt.

8.6 Naturerfahrung – Rückbindung an das Leben

Die Orte, an denen Pferde leben und an denen die interviewten Therapeutinnen mit ihren Pferden arbeiten, liegen weit ab dicht besiedelter Städte. In der natürlichen Umgebung der Höfe oder Reitanlagen, wo die Patientinnen ihnen begegnen, riecht es nach Gras, Erde, frischem Heu, den Pferden selbst und manchmal vielleicht auch ein wenig nach dem Mist, den sie hinterlassen. Wenn die Pferde artgerecht gehalten werden, sind ihre Stallungen von Koppeln und Wiesen umgeben, also einer Weite in der Landschaft, die auch die Seele weit werden lässt.

»Man sitzt auf dem Pferd und hat einfach so seine Gedanken und ist in der Natur. Ich habe gemerkt, dass die Arbeit mit einem Pferd wirklich für mich hundertmal besser ist als eine Arbeit in einem Raum mit einer Psychotherapeutin. Das ist für mich auch so beengend« (Nora).

Oft leben auch andere Tiere, Hunde, Katzen oder Ziegen, mit auf den Höfen und möchten begrüßt werden. Neben den besonderen Gerüchen erreichen die in Städten lebenden Menschen außerdem sehr ungewöhnliche Geräusche: das zufriedene Schnauben und gleichmäßige Mahlen von Hafer und Raufutter während der Fütterzeiten, hier und da ein Wiehern; der Hufschlag geführter Pferde auf dem Pflaster ist zu hören, vielleicht ein Traktor.

»Das Pferd bedeutet für mich eine Verbindung zur Natur, aus der ich mich rausgefallen fühlte. Diese Verbindung, die Liebe zu den Tieren und zur Natur und auch die Sehnsucht, da wieder zurückzukommen in diese Einheit, so kann ich das fühlen, das wird mir mit dem Pferd möglich« (Frau M.).

Da, wo die Pferde leben, ist Natur – kultivierte Natur. Man ist draußen mit ihnen, im Freien, erlebt die Jahreszeiten und das Wetter.

»Und es konnte uns nichts davon abhalten. Wir sind immer raus, im Regen – weiß ich nicht, aber im Schnee auf jeden Fall. Und im Sommer, und im Winter, und bei Sturm, und bei leichtem Nieselregen. Ja, immer. Also, die Natur zu erleben in jeder Jahreszeit, das war auch ganz toll« (Frau A.).

Geht man mit oder auf den Pferden vom Hof, in die Natur der näheren Umgebung, ist dies sehr anders, als wenn man einen Spaziergang oder eine Wanderung unternimmt, ob nun allein oder mit anderen Menschen. Auch hier synchronisieren sich die Sinne von Tier und Mensch. Wir schauen und lauschen auch ein wenig mit den Augen und Ohren der Pferde, nehmen die Umgebung viel achtsamer, aufmerksamer wahr. Wir registrieren kleine Ereignisse oder Begebenheiten, vor denen die Pferde sich vielleicht fürchten und erschrecken könnten: ein Reh, das Sekunden später davonspringt, die Windböen, die ein Gebüsch auf unheimliche Weise bewegen, oder die Krähe, die gleich auffliegen wird. Wir achten genauer auf den Boden, auf dem wir gehen, und – sofern wir auf dem Pferd sitzen – auf Äste und Zweige, die uns im Wald in dieser Höhe eher entgegenkommen, als wenn wir zu Fuß unterwegs wären. Kurz, all unsere Sinne sind hellwach, mit und bei dem Pferd, das uns mitnimmt in dieses unmittelbare Eingebundensein in die Natur.

»Ich fand es sehr schön, es war meistens auch sehr früh morgens, und dann ging es irgendwie schon damit los, dass ich, ich mag den Morgen so total gern, es war alles ein bisschen nebelig, es wurde langsam Spätsommer, ich weiß nicht, es sah alles schön aus« (Sophie).

»Von daher ist es für mich generell stark verbunden mit der Natur. Und die Natur, im Gegensatz zu Stadt und dichtbevölkerten Räumen, war für mich schon immer etwas, wo ich mich erden konnte« (Herr C.).

Die Pferde sind Mittler und Medium zwischen Psychotherapeutin und Patientin, aber sie sind auch Mittler zwischen Kultur und Natur, zwischen einer sich zunehmend mechanisierenden und digitalisierenden Umwelt und der Lebendigkeit der Schöpfung, nicht zuletzt unserer zutiefst inneren, menschlichen Natur. Immer wieder wurde von den Patientinnen betont, dass die Pferde sie erden und wie sehr sie die Natur an sich als heilsame Kraft erleben. »Wenn die eigenen Eltern nicht verlässlich waren, kann vielleicht Mutter Erde helfen« (Mehlem, 2018, S. 29).

> ### Überblick zu Kapitel 8.6
> Viele Patientinnen berichten, dass ihnen etwas verloren gegangen ist, nämlich das Gefühl, verbunden zu sein mit dem Leben, eins zu sein mit sich und der eigenen Natur. Wenn sich nun in der Nähe der Pferde die Ausrichtung der Aufmerksamkeit, die Wahrnehmung der natürlichen Umgebung, die Antennen aller Sinne zwischen Mensch und Pferd synchronisieren, können die Menschen eine Art Rückbindung an die Natur, an das Lebendige an sich erleben.

9 Imaginationen, Träume, innere Bilder – Das Pferd als archetypisches Symbol

Als Jung'scher Analytikerin war es mir wichtig, gerade auch in dieser Studie dem Unbewussten Raum zu geben. Bisher wurden mögliche Wirkungen der Pferde in ihren entwicklungspsychologischen, neurobiologischen und ethologischen Zusammenhängen betrachtet. Das Unsichtbare hinter dem Sichtbaren, dieses »Was ist da *noch?*« zu ergründen, ist nicht einfach. Es betrifft den evolutionsgeschichtlich relevanten Niederschlag *archetypischer Erfahrungen* auf beiden Seiten – der des Pferdes und jener der Menschen und ihrer seit sechstausend Jahren bestehenden Verbindung.

In Anbetracht dieses Gedankens erscheint es sinnvoll, zunächst einige der verwendeten Begrifflichkeiten aus der Analytischen Psychologie nach C. G. Jung zu erläutern. Als Archetypen (griech. *arche* – Ursprung und *typos* – Abdruck, also etwa Grundprägung) bezeichnete Jung dem kollektiven Unbewussten entstammende psychophysische Strukturdeterminanten, die als unbewusste Wirkfaktoren das menschliche Verhalten und das Bewusstsein beeinflussen. Ob sie als angeborene *Erfahrungsbereitschaften* auf einer eventuell sogar Menschen und Säugetieren gemeinsamen Instinktgrundlage beruhen bzw. auch in den (neuro-)biologischen Systemen beider Spezies verankert sind, ist eine nicht restlos geklärte Frage. »Keine dieser Anschauungen [gemeint sind die Ansichten Freuds und Adlers, Anm. d. Verf.] bestreitet Instinkte, die Tiere und Menschen miteinander gemein haben, noch deren Einfluss auf die persönliche Psychologie. Instinkte sind indessen nicht-persönliche, allgemein verbreitete und hereditäre Faktoren von motivierendem Charakter, die […] lange vor jeder Bewusstwerdung und ungeachtet jeden Grades von Bewusstheit, ihre inhärenten Ziele verfolgen. Daher bilden sie ganz genaue Analogien zu den Archetypen, ja so genau, dass Grund zur Annahme besteht, dass die Archetypen die unbewussten

Abbilder der Instinkte selbst sind; mit anderen Worten: sie stellen die Grundmuster instinkthaften Verhaltens dar« (Jung, 1989, S. 56).

Imaginieren, von lateinisch *imago* – Bild, im Sinne eines bewussten Entstehen-, Fließenlassens und Wahrnehmens innerer Bilder und Vorstellungen, ist etwas, was wir täglich tun. Wir stellen uns Dialoge mit Menschen vor, mit denen wir vielleicht später ein wichtiges Gespräch aufnehmen werden, wir lassen Erinnerungen an uns vorbeiziehen, während wir gerade in der Straßenbahn oder beim Kaffee sitzen, wir erleben uns plötzlich inmitten von Tagträumen, während wir gerade etwas tun, was nicht unsere gesamte Konzentration beansprucht. Kinder, die im Klassenzimmer ihren Fantasien nachgehen, gelten als *verträumt*, und es scheint ein Kontinuum zu geben zwischen den Tagträumen, den Imaginationen und den Träumen; eine Vorstellung, der Verena Kast (2019, S. 12 ff.) anschaulich nachgeht.

Die *aktive Imagination*, eine dialogische Auseinandersetzung mit inneren Gestalten, wurde von Jung als spezifische Technik des Imaginierens in die Psychotherapie eingeführt. Wie die Träume eröffnen auch Imaginationen über die in ihnen auftauchenden Symbole Fenster zum Unbewussten. Im Symbol fügt sich etwas zusammen (griech. *symballein* – zusammenfügen, zusammenwerfen). Das heißt, hinter etwas vordergründig Sichtbarem verbirgt sich eine unsichtbare, oft komplexe ideelle Wirklichkeit. Fast immer bleibt etwas offen, widersprüchlich, vielschichtig oder uneindeutig – ganz können wir ihren Sinn meist nicht erfassen, etwas an ihnen bleibt oft geheimnisvoll und numinos.

In der Analytischen Psychologie werden *Symbole* verstanden als »Brennpunkte schöpferischer Entwicklung« (Kast, 1990, S. 40). In ihnen verdichten sich existenzielle Themen zu einem Bild, in und mit ihnen verarbeiten wir schmerzliche, konflikthafte oder auch glückliche, in jedem Fall emotional berührende und bedeutsame Lebens- und Beziehungserfahrungen. In einem Symbol können Inhalte aus dem Unbewussten dem Ich zugänglich werden – sofern wir bereit sind, uns darauf einzulassen. In gewissem Sinne *transportiert* das Symbol in Träumen, Zeichnungen, Imaginationen oder Fantasien zuvor unbewusste oder nur halb bewusste Inhalte in unser Bewusstsein.

Im Unterschied zu den Träumen geht es bei den Imaginationen aber um mehr oder weniger bewusst kontrollierbare, bildhafte Vorstellungen, wobei alle Sinne – Sehen, Hören, Schmecken usw. – beteiligt sein können. In der Imagination kann Vergangenes nacherlebt, aber auch Zukünftiges als Möglichkeit aufscheinen, anvisiert werden; unmöglich Erscheinendes kann in inneren Bildern möglich und erlebbar werden.

Vor diesem Hintergrund wollte ich die Patientinnen gern nach unseren Interviewgesprächen zu Imaginationen einladen. In ihnen, sowie den eng damit verbundenen Empfindungen und Selbstentwürfen, bildet sich anderes ab als in mit Worten beantworteten Fragen oder verbal erklärten Gedanken. Natürlich wurden auch diese inneren Bilder bereits während des Imaginierens oder im Anschluss verbal kommuniziert; aber sie sind wesentlich gefühlsbetonter, und in ihnen öffnet sich der Raum zu den oben angesprochenen, tieferen Schichten unserer Erfahrung.

In einer therapeutischen Situation würde man einzelne Bildsequenzen und Szenenausschnitte der Imaginationen weiter ausfantasieren, sich entfalten lassen, Details erfragen, um anschließend Bezüge zur realen Lebenssituation zu suchen. Auch im Malen der inneren Bilder und Symbole treten einzelne Motive möglicherweise besonders hervor, werden deutlicher, vertiefen sich, können weiter bearbeitet werden.

In der folgenden Besprechung der Imaginationen kann ich nur auf eigene Assoziationen zurückgreifen, um mich versuchsweise den Inhalten *hinter dem Offensichtlichen* der mitgeteilten Bilderwelten anzunähern. Zugleich werde ich einige der Motive amplifizieren, das heißt, mit kollektiven *Symbolen* aus Märchen und Mythen anreichern.

Die Einführung in die Imagination – nach vorausgegangener Entspannung – lautete: »Stellen Sie sich vor, Sie begegnen einem Pferd – Ihrem Therapiepferd oder auch einem anderen Pferd. Schauen Sie, was geschieht und was sich vielleicht verändert. Folgen Sie Ihren inneren Bildern.« Nach einer Weile bat ich die Imaginierenden, sich genauer umzuschauen in der Umgebung, dann die Geräusche und die Gerüche wahrzunehmen, in ihren Körper hineinzuspüren, und darauf zu achten, wie sie sich gerade insgesamt fühlen.

Imagination Herr C.

»Ich war dort mit einem kräftigen Kaltblutpferd, fast schwarz, mit den typischen Kaltbluthaaren um die Hufe, die allerdings fast weißblond waren. Ich bin nicht geritten, das Pferd war einfach da, nur am Führstrick. Wir waren oben an diesem Felsen, das geht da auf der einen Seite fast 200 Meter senkrecht runter, auf der anderen Seite kommt man einen Pfad durch einen Kiefernwald hoch. Dieser Ort hat so eine Mischung aus Moosgeruch, Blaubeeren und diesen Harzen von den Kiefern. Spannend an dem Ort ist auch, dass man auf der einen Seite von den Kiefern geschützt auf dieser Kliffkante sitzt, was so eine richtige Sandsteinplatte ist, wo man dann locker 30, 40 Kilometer gucken kann. Das Einzige, was man an Zivilisationsspuren sieht, sind Windräder und ganz entfernt eine Burgruine. Alles andere ist nur Wald, mit Blick in Richtung Frankreich. Was mich da oben auch immer fasziniert hat, ist, dass diese ganze Gegend Hauptkampflinie zwischen Deutschland und Frankreich war und dass die EU das geschafft hat, das jetzt zu einem Gebiet zu machen, wo die Grenze gar nicht mehr wahrnehmbar ist. Das ist ein irre schönes Gefühl, ein Freiheitsgefühl, da oben. Frei von irgendwelchen Menschen, die was von einem wollen, diese ganzen Konflikte treten völlig in den Hintergrund. Und so das Gefühl, es besteht kein Unterschied mehr zwischen Zweibeinern, Vierbeinern, egal welcher Sorte, egal ob Hunde, Pferde ... das sind irgendwie alles nur Lebewesen, die irgendwie in einem Bezug zueinander stehen, wo es fließt.«

Das Pferd in der Imagination wird nur ganz zu Beginn erwähnt – es ist einfach da und recht kräftig. Sehr bedeutsam scheint der Ort zu sein, den Herr C. kennt und den er bereits mehrfach in der Realität besucht hat. Es ist ehemaliges Kriegsgebiet, ein Höhenort an einer »Hauptkampflinie«, längst befriedet. Herr C., der Soldat, nimmt ihn auch heute noch »von den Kiefern geschützt« mit militärstrategischem Blick wahr. Zugleich gibt dieser Ort aber auch den Blick sehr weit frei und vermittelt ihm ein Gefühl von Freiheit. Ein Sehnsuchtsbild, das einschließt, frei zu sein von Konflikten mit anderen Menschen, frei vielleicht auch von inneren Konflikten; aufgehoben in einem fließenden Bezogensein mit anderen Lebewesen und im Frieden mit sich selbst.

In der Nähe eines kräftigen Pferdes fühlte Herr C. sich offenbar relativ sicher. So sicher, dass sich Sehnsuchtsbilder grenzenloser Freiheit und mystischer Allverbundenheit einstellen konnten an einem hoch gelegenen, gewissermaßen aber auch überhöhten Ort, der für ihn persönlich bedeutsam und in seiner kollektiven Bedeutsamkeit auch im übertragenen Sinne grandios erscheint – eine nicht mehr sichtbare Hauptkampflinie zweier Weltkriege.[19]

Während des Interviews nahm ich eine hohe, ängstliche Anspannung wahr – Herr C. musste unbedingt mit dem Rücken zur Tür und dem Blick zum Fenster sitzen. Er schien mir ein Lebensgefühl auszustrahlen, als sei er noch immer in umkämpftem Gebiet, auf Sicherung angewiesen, projiziert auf die strategischen Aspekte äußerer Situationen. In der Gegenübertragung fühlte ich mich selbst fast ein wenig defensiv und vorsichtig – auch wegen einer gewissen, autoritär anmutenden Strenge in Tonlage und Erzählstil, die mir da entgegenkam.

Seine tiefe Krise, die ihn in die Therapie führte, war durch einen Beziehungskonflikt ausgelöst worden. Möglicherweise war die ohnmächtige Einsamkeit in einer Entscheidung zwischen seinen Soldaten und einem Vorgesetzten im Auslandseinsatz wiederbelebt – von der ängstigenden, seelischen Einsamkeit des Soldatenkindes das er war, ganz abgesehen.

In seiner Imagination geht Herr C. nun mit dem kräftigen Pferd an der Hand an eine Grenze; das sich in diesem Bild verdichtende Symbol der Grenze meint aber vermutlich nicht nur die in zahlreichen Kriegen umkämpfte, deutsch-französische Landesgrenze. Soldaten werden dahingehend konditioniert, weit über ihre Grenzen zu gehen – moralische Grenzen, Angstgrenzen, das Tabu, zu töten. Herr C. erzählt im Interview, wie das Therapiepferd *seine* Grenzen einreißt und wie die Aufgabe, seine eigenen Grenzen besser zu wahren, für ihn deutlich wird. Er stellt sich vor, wie er mit dem Pferd an einem Felsen steht, der etwa 200 Meter tief senkrecht abbricht. Einen Sturz in diesen Abgrund würde niemand überleben.

Viele verzweifelte Menschen können sich einen Zustand tiefsten Friedens und *grenzenloser* Freiheit erst nach dem eigenen Tod vorstellen. Nicht selten geht diese Todesvorstellung einher mit einer

---

19 Ehemalige Panzersperren des Westwalls wurden mit EU-Fördergeldern durch verschiedene Naturschutzorganisationen zu Biotopketten umgewandelt (Quelle: https://de.wikipedia.org/wiki/Westwall).

Sehnsucht nach jener tiefen Verbundenheit von allem mit allem, wie sie auch in der Imagination aufscheint. Herr C. sucht diesen Ort auf, um sich lebendig zu fühlen; und offenbar ist das Erleben der Natur und die Verbindung zu den Tieren eine Ressource, die ihm hilft, immer mehr in *sein* Leben zurückzufinden.

Imagination Bina

»Ich bin auf einem Berg. Und da ist so eine offene Stelle, ich kann weit um mich rum sehen. Vor mir ist so eine Art Abhang und hinter mir ist eine Wiese. Und ich kann in die Landschaft schauen, auf andere Berge und auf andere Wiesen und auf einen Fluss. Und es ist gutes Wetter. Ich stehe neben dem Pferd und höre den Wind durchrauschen, es ist ein schwarzes, aber kein allzu großes Pferd. Und es riecht so, als hätte es geregnet, man riecht so diese Steine, so wie wenn man wandern geht. Und, ja, es fühlt sich frei an. Ich fühle mich friedlich, frei und stark und glücklich.«

Der Ort in der Imagination der 18-jährigen Bina ähnelt jenem von Herrn C., aber es vermittelt sich eine völlig andere Atmosphäre. Auch Bina steht auf einem Berg, und auch sie wird von einem schwarzen Pferd begleitet. Die junge Frau befindet sich in einem Lebensübergang – zu größerer Selbstständigkeit, nahender Loslösung aus ihrer Heimeinrichtung, dem Schritt in eine berufliche Orientierung. Der Berg bietet mit der offenen Stelle eine gute Aussicht, vielleicht auch im übertragenen Sinne. Und im Bild des Flusses deutet sich an, dass das Leben in Fluss ist, in Bewegung – sie wandert ja auch. Mit dem Wasser des Flusses und des Regens ist eine grüne, fruchtbare (Seelen-)Landschaft entworfen, in der Bina sich friedlich und frei, stark und glücklich fühlt, mit ihrem kleinen schwarzen Pferd neben sich.

Schwarze Pferde sind im Gegensatz zu den Schimmeln, den Schimmernden, Scheinenden, welche dem Licht, der Sonne, dem Feuer und der männlich solaren Welt zugeordnet waren[20], dem Mond

---

20 Die Licht-, Sonnen- und Feuersymbolik des Pferdes steht seiner lunaren Bedeutung polar gegenüber. In der germanischen Edda lenkt Sol die Rosse Frühwach und Allbehend, die den Wagen der Sonne ziehen. Unter ihrem Bug haben sie Blasebälge, die ihnen Kühlung verschaffen.

und den erdverbundenen, matriarchalen Traditionen zugehörig. Mitunter wurden sie mit dem kulturellen Wandel des aufkommenden Patriarchats in nicht geringem Maße dämonisiert.[21]

Bina steht dort mit ihrem Pferd auf Augenhöhe; es ist einfach da, ruhig, nicht groß. Im Interview sprach sie darüber, dass die Pferde sie manchmal auf den Boden katapultiert, aber auch in Krisensituationen im guten Sinne auf dem Boden gehalten haben. Beispielsweise halfen sie ihr sogar nach einem Sturz zu verstehen, dass sie das in ihrem Leben so oft verloren gegangene Vertrauen durchaus wiedererlangen kann.

Imagination Frau E.

»Ich stand auf einer grünen Wiese mit meinem Pferd, das Pferd war hellbraun mit schwarzer Mähne. Und ja, in der Nähe war der Waldrand und ich habe Vogelgezwitscher und Grillen zirpen hören. Die Sonne stand am Himmel und es war warm auf der Haut. Aber vorher hat es geregnet, die Erde hat so erdig gerochen und ja, es war schön so. Ich saß auf dem Pferd und dann sind wir in Richtung Wald geritten. Ich mag den Wald so gern. Das ist immer so ein Wechselspiel mit Schatten und Licht und vor allem, er riecht nochmal ganz anders als eine Wiese. Wenn es dann geregnet hat ... das hat schon was. Ich habe mich gut gefühlt, ausgeglichen. Ja, das hat irgendwie immer so was Zentrierendes für mich.«

Anders als Herr C. und Bina sitzt Frau E. auf ihrem imaginierten Pferd, wird von ihm getragen. Im Interview berichtete Frau E., dass sie Mühe habe, sich selbst zu spüren, ihr Empfinden, ihre Emotionen – dass ihr dies aber im Kontakt mit dem Pferd eher möglich sei. So ist wohl »das Zentrierende« zu verstehen, das ihr erleichtert, bei sich zu sein.

Mit allen Sinnen die Natur wahrzunehmen, den Geruch der Erde nach einem Regen, *erdet* uns, wir fühlen uns verbunden, aufgehoben

---

21 Hierher gehören die »Nachtmaren«, die auch über ihre etymologische Verbindung wieder auf die Muttersymbolik des Pferdes verweisen: »mare« (engl. Stute), »mère« (franz. Mutter) und »Mähre« (vernachlässigtes, geschundenes Pferd).

in der Welt. Ein Mensch, der geerdet ist, hängt nicht in der Luft, sondern steht mit den Füßen auf dem Boden. Assoziativ hat das Geerdetsein mit dem Boden unter den Füßen zu tun, mit dem Verwurzeltsein in sich selbst, dem eigenen Körper, den Empfindungen und Emotionen, mit der inneren und äußeren Realität. Die Erde trägt uns, sie nährt uns, und sie ist der Planet, auf dem wir leben. Auch im Märchen am Anfang des Buchs sind Erde und Stute eng miteinander verbunden, das Pferd wird aus der Erde erschaffen, es *ist* die Erde.

Epona, die keltische Göttin der Erde und Fruchtbarkeit und die römische Göttin der Pferde, wird oft mit Stuten oder Fohlen an ihrer Seite dargestellt. Ihr Name leitet sich vom gallischen Wort *epos* (»Pferd«), verwandt mit *ebol* (»Fohlen«), lat. *equus* ab.

Frau E. reitet in Richtung Wald, wo sie das Wechselspiel von Licht und Schatten zwischen den Bäumen deutlich wahrnimmt. Der Wald – in den Märchen und im Volksglauben zahlreicher Völker heiliger und geheimnisvoller Bereich – ist ein Ort der Abgeschiedenheit, fern vom Trubel der Städte, für viele Menschen auch ein Ort der Kontemplation und Geborgenheit in der Natur. Der Wald ist aber auch ein unheimlicher Ort: »Der Eintritt in einen dunklen, verzauberten Wald ist ein Schwellensymbol; die Seele, die in die Gefahren des Unbekannten eintritt« (Cooper, 1986, S. 208). In der psychoanalytischen Symbolik ist der Wald das Reich des Unbewussten, Ort der Initiation und der Auseinandersetzung mit den eigenen Schattenthemen. Frau E. schien bereit, sich mit dem hellbraunen Pferd auf den Weg in den Wald zu begeben. Ihr Therapieprozess war noch nicht abgeschlossen.

Imagination Frau Sch.

»Ich war auf einer Blumenwiese, es war schönes Wetter, warm, blauer Himmel, Blumen haben geblüht. Ich hab den Diego so im Arm gehabt, seinen Hals so umfasst, er hat sich so bei mir angelehnt. Ich hatte so ein vertrautes, warmes Gefühl im Bauchraum. Ja, das war so – schön, schön einfach, befreit, es ist warm, es ist weich, da sind Farben, Orange, Rot – die habe ich auch gespürt.«

Auch Frau Sch. befindet sich auf einer Wiese, wo sie ihr Pferd im Arm hält, und das Pferd lehnt sich bei ihr an. Sie sieht blühende Blumen, und das warme, vertraute Gefühl, das sie mit ihrem Pferd verbindet, erlebt sie in orange-roten, den vitalsten aller Farben. In ihrer Therapie ging es darum, mithilfe des Pferdes Ängste und Unsicherheiten zu überwinden. Es gelang ihr, wieder Anschluss zu finden an ihre eigene Kraft, Vertrauen zu gewinnen in die eigenen Möglichkeiten, um schließlich auch ihrem kleinen Sohn Sicherheit in klaren Grenzen und Vertrauen in eine tragfähige Beziehung zu ihr als Mutter geben zu können.

In ihrer Imagination umfasst sie den Hals des Pferdes und das Pferd lehnt sich vertrauensvoll an – ein Bild, in dem sich die transformierte Beziehungsdynamik zwischen Mutter und Sohn eindrücklich darstellt. Sie »spürt« die Wärme in ihrem Bauchraum, die mit dieser Verbindung einhergeht, in den Farben Rot und Orange. Die Farbe Rot – assoziiert mit Blut und Feuer – ist Ausdruck hoher Gefühlsintensität, in der sich die wiedergewonnene Lebendigkeit spiegelt. Frau Sch. beschreibt ihr Gefühl als *befreit*; mit der zurückgewonnenen Energie können die für klare Grenzsetzungen notwendigen, konstruktiv-aggressiven Kräfte wieder ins Spiel kommen. Das warme Orange hellt das Rot der energischen Emotionen auf, verleiht ihnen Licht, Glanz und Wärme. So scheint sie mit Gefühlen der Zuneigung und Liebe in Verbindung zu kommen, die sie als Mutter ihrem kleinen Sohn nun gewiss auch wieder mehr geben kann.

Imagination Frau A.

»Ja. Ich habe mich auf einem schmalen Feldweg befunden, wo Gräser und Mohn und kleine Blumen ziemlich hoch wuchsen, und an der Seite war ein Zaun mit Stacheldraht. Auf der anderen Seite war aber so ein weites Feld. Dann habe ich Glofaxa genommen und vor uns lag da das Meer. Und dann, ja dann bin ich auf ihren Rücken gestiegen, und wir sind erst ganz langsam diesen Weg entlang gegangen. Und dann sind wir über den breiten Strand galoppiert. Das ist ja ein ziemliches Ende, und da sind wir so durch das Wasser gewatet. Und irgendwie, ich weiß auch nicht, diese Frische, und diese Freiheit – ich hatte irgendwas Langes, Wehendes an, und der Wind, der mir um die Nase zog, und diese salzige Luft, und eine schöne Temperatur, nicht zu warm und nicht zu kalt. Und, ja, es war praktisch wie ins Endlose

Abbildung 11: Walter Crane, Die Pferde des Neptun, 1892 (München, Neue Pinakothek)

reiten, ohne Begrenzung. Weil, der Strand ist ja sehr lang, und man sieht ja kein Ende. Das war sehr, sehr schön.«

Frau A. lebt im Norden Deutschlands, im Land zwischen den Meeren, wo beide Küsten mit ihren Sandstränden nicht fern sind. Zunächst aber befindet sie sich auf einem schmalen Feldweg, der auf einer Seite mit Stacheldraht begrenzt ist – ein Element in dieser Imagination, das die Bilder blühender Blumen, weiter Felder und des Galoppierens über einen breiten Strand sehr kontrastiert. Vielleicht hat sich ihr früheres Gefangensein in der Angst angefühlt, wie hinter Stacheldraht; Stacheldraht verletzt, reißt schmerzhafte Wunden, ist nicht leicht passierbar. In ihren Bildern geht Frau A. an dieser Grenze entlang nach vorne, und der Weg ist schmal. Sie beschließt, diesen Weg auf dem Rücken ihres Pferdes zu beschreiten. Vor ihr liegt das Meer, und sie genießt diese Begegnung mit allen Sinnen; die Luft, den Wind und vor allem die Entgrenzung im Getragensein auf dem sich schnell am und wohl auch im Wasser bewegenden Pferd.

Pferde und Wasser, beide als tragende Elemente einander verwandt in ihrer Muttersymbolik, sind auch in zahlreichen Mythen miteinander verbunden. Der Meeresgott Neptun und seine griechische Entsprechung Poseidon werden von wilden Pferden durch die Meere gezogen, und in manchen Gegenden auch als Götter der Pferde verehrt (vgl. Abbildung 11).

Wie schon erwähnt, war das Pferd im matriarchalen Kult als heiliges Tier dem Mond geweiht. Die Verbindung zwischen Mond und Wasser war durch die Gezeiten sinnfällig, der Mond war durch den weiblichen Zyklus mit dem Archetyp des Weiblichen assoziiert. »Der Mond als Aufenthaltsort der Seelen, das Meer als Aufenthaltsort der Weltseele und das Pferd als Seelensymbol stehen also in engster Verbindung zum Weiblichen« (Baum, 1991, S. 66).

Auch Jung (1973, S. 360 f.) betont mit einem Zitat aus den indischen Upanishaden jenes kraftvolle Zusammenspiel der Elemente, in dem das Pferd als Ursprung der Schöpfung aus dem Ozean geboren wird: »Die Morgenröte, wahrlich, ist des Opferrosses Haupt, die Sonne sein Auge, der Wind sein Odem, der Ozean ist sein Verwandter, der Ozean ist seine Wiege.« Und er fährt fort: »Das Pferdesymbol enthält alle Welt in sich, des Pferdes Verwandter ist das Meer, die Mutter, gleichgesetzt mit der Weltseele.«

Nicht allzu weit entfernt von meinem Wohnort befindet sich diese Plastik (Abbildung 12). Sie steht vor dem ehemaligen Atelier des Bildhauers Heinrich Kirchner (1902–1984) in Pavolding, Chiemgau,

Abbildung 12: Heinrich Kirchner, Der 7. Schöpfungstag (Bronze, 1963)

eingebettet in einen Skulpturenweg mit Werken des Künstlers, der am Kloster Seeon beginnt. Auch hier ist die Verbindung von Pferd und Schöpfung augenfällig. Im Sockel der Großplastik finden sich Symbole für die ersten sechs Tage der Schöpfung – das Pferd und der Mensch auf dem Sockel symbolisieren den siebten Tag.

Oft müssen in den Märchen die wegbegleitenden Pferde geopfert, ihre Kräfte integriert werden, und ihre Opferung mündet in Bilder der Schöpfung und Weltentstehung, die aus Krisen neu hervorgegangene, geheilte Seelenlandschaften symbolisieren. Im turkestanischen Märchen »Das Zauberroß« (Jungbauer, 1923) fordert das Pferd die Heldin auf: »Jetzt schlachte mich, wirf dann meinen Kopf zur Seite, stelle die Beine nach den vier Richtungen auf, meine Eingeweide wirf seitwärts und setz Dich mit Deinen Kindern unter die Rippen.« Nachdem die Königstochter all dies vollzogen hat, »wuchsen aus den Beinen goldene Pappeln mit smaragdenen Blättern hervor, aus den Eingeweiden Dörfer, Felder und Wiesen, und aus den Rippen ein goldenes Schloss. Aber aus dem Kopf entsprang ein silberhelles Bächlein. Mit einem Wort, die ganze Gegend wurde zu einem wahren Paradies.«

Frau A. war ganz beseelt von ihren Bildern, in denen sie sowohl sehr vital mit ihrem galoppierenden Pferd verbunden ist als auch mit der endlosen Weite des Meeres, dessen salzige Luft sie atmet. Die therapeutische Beziehung hatte das Erwachen solch energievoller, bewegender Fantasien ermöglicht. Der unmittelbare Kontakt mit dem Pferd dürfte diesen Wandlungsprozess der Seele gefördert haben.

So sehr die archetypischen Bilder alter Kulturen vielleicht überlagert sind von heutigen Bildern aus Fernsehserien, Kinofilmen und Klischees generierender Werbung – die menschliche Psyche vergisst diese Urbilder nicht, und sie wirken in uns.

Imagination Frau F.

»Ich war mit dem Pferd am Strand. Das Pferd, das war neben mir, am Zügel geführt. Und es war so eine gewisse Unsicherheit und ja, Beklemmung war da zuerst da. Ich habe auf der einen Seite das Wasser und das Rauschen gehört, und auf der anderen Seite war das Gras. Da war es grün, Vögel habe ich gehört, den Wind, das Pferd neben mir und habe es gespürt und habe das Pferd wahrgenommen, vor allem seinen Geruch. Also wir sind gestanden, das Pferd so nah an mir und ich ganz nah an seinem Hals – so ein blondes, starkes, nicht ganz so großes Pferd. Es war warm. Diese Beklemmung, die am Anfang da war – ich kenn dich nicht, wer bist du –, ist dann weggegangen. Da habe ich mich dann immer wohler und geborgener gefühlt.«

Auch Frau F. ist mit ihrem Pferd an einem Strand. Aber die Stimmung ist eine ganz andere als bei Frau A. Die umgebende Landschaft, ein Strand zwischen Meer und grüner Wiese, wird nur kurz erwähnt. Hier führt Frau F. das Pferd am Zügel, empfindet eine »gewisse Unsicherheit« sogar »Beklemmung«. Beides legt sich, als Pferd und Mensch auf einmal nah beieinander stehen, Frau F. seine Wärme und seinen Geruch spürt.

Im Interview sprach Frau F. über »ein Korsett aus Angst« – der Angst, etwas falsch zu machen, die vordergründig im Zusammenhang mit Konflikten ihres geistig behinderten Sohnes und einer sehr engen Bindung an ihn zu stehen scheint, möglicherweise aber noch andere Wurzeln hat. So bleibt Frau F. dann auch in ihrer Imagination vorläufig stehen. Fast könnte man meinen, dass das Pferd sie stützt, ihr zumindest ein Gefühl von Geborgenheit zu geben vermag. Vielleicht ist es angesichts ihrer Erschöpfung, die sie beschreibt, sehr wichtig, stehen zu bleiben, innezuhalten und zur Ruhe zu kommen.

»Es macht viel mehr Freude, weil dann so ein unsichtbares Korsett irgendwie aufgeht. Ohne diese Angst ist es viel lustvoller, und es hilft, wenn ich sozusagen konzentriert und präsent bin« (Frau F. im Interview).

Gewiss enthielt auch die Interviewsituation dieses zunächst beunruhigende »Ich kenn dich nicht, wer bist du?«, das wiederum in der Imagination nachhallte. Umso bemerkenswerter, dass Frau F. sich dann aber mit dem Pferd »so nah an mir und ich ganz nah an seinem Hals« wohler und geborgener fühlen konnte.

Imagination Jessika

»Ich war in einer grünen Landschaft mit relativ hohem Gras, es war so eine Hügellandschaft und ich war mitten drin und da stand insgesamt nur ein einziger Baum. Ich war da mit Diego. Ich hatte ihn an der Leine und wir sind ein bisschen rumgelaufen. Da kam ein Wind, ein kalter Wind und Diego hat so seine Mähne geschüttelt und ist dann so mit den Hinterhufen hoch und wieder runter. Und dann ist der Wind weggegangen und wir sind wieder weitergelaufen. Ja und es war sonnig, blauer Himmel, relativ warm, und mir ging es sehr gut. Ich war fröhlich, und ich hatte keine Sorgen.«

Jessika sieht eine grüne, hügelige Landschaft, in der nur ein einziger Baum steht. Erinnern wir uns an ihr Interview, in dem sie von ihrer vermutlich schizophrenen Mutter und der gerichtlichen Trennung ihrer Eltern berichtet, ist zu ermessen, wie einsam sie sich immer wieder gefühlt haben mag – eben so einsam wie der allein stehende, einzige Baum. Sie ist 13 Jahre alt zum Zeitpunkt unseres Gesprächs. Diego, das Therapiepferd, ein ehemaliges Dülmener Wildpferd, ist für sie wie ein großer Bruder, stärker als sie selbst – und große Brüder beschützen ihre kleinen Schwestern.

In ihrer Imagination bricht plötzlich ein kalter Wind in die sonnige, warme Situation ein, auf die das Pferd mit wildem Buckeln und Schütteln der Mähne reagiert – auf der realen Ebene als Un- oder Übermut leicht nachvollziehbar. Ein kalter Wind muss ihr aber auch entgegengekommen sein, wenn die immer wieder in Psychosen geratende Mutter, unberechenbar und hoch irritierend für ein Kind, sie abwies und fortschickte, wenn Jessika sie gebraucht hätte. Das imaginierte Pferd gebärdet sich wild, wenn auch nur kurz, es bäumt sich auf und schüttelt die Mähne. Es ist das Gegenteil der Erstarrung, der Schockstarre, welche die Therapeutin in ihrer jungen Patientin wahrnahm; eine vitale, lebendige Handlungsalternative, die hier in der Projektion auf das Pferd aufscheint. So sind in den Luftsprüngen des Pferdes vielleicht die Entwicklungssprünge vom Kind zu der Jugendlichen zu erahnen, die die 13-Jährige nun ist.

Die Vorstellung des Therapiepferdes als großer Bruder ist, wie mir scheint, mehr als nur die Projektion eines Wunsches auf das Pferd. Mit ihr etabliert das Mädchen einen inneren Gefährten, ein Selbstobjekt, das mich an das Konzept des *evozierten Gefährten* Sterns denken lässt.[22] Mit dem Pferd an ihrer Seite ist die Jugendliche vielleicht immer noch relativ allein, aber nicht mehr einsam. Mit der vitalen Energie, der dem Wind entgegengesetzten Abwehr, die das Pferd repräsentiert, erscheint sie weniger schutzlos. In seiner Nähe kann sie »fröhlich und ohne Sorgen« sein.

Wenden wir uns einen Moment dem mythologischen Bezug der Pferde zum Wind in Jessikas und den zuvor besprochenen Imaginationen zu. Oft sind Pferde als Geschöpfe des Windes geschildert. »Die Vorstellung, das flüchtige Roß sei aus dem Wind geschaffen oder es sei der Wind selbst, läßt es auch als Seelensymbol erscheinen, denn die Seele ist stets als etwas Bewegtes wie der Wind, das Wasser oder ein Vogel gedacht« (Baum, 1991, S. 31). Die Schnelligkeit, mit der das Pferd den Menschen bewegte, nährte die Vorstellung der wilden Sturm- und Wolkenrosse und der geflügelten Pferde.

Auch in einem arabischen Mythos wird das Pferd aus dem Wind geboren: »Als der Erschaffende das Ross erschaffen wollte, sagte er zum Winde: ›Von dir werde ich ein Wesen gebären lassen, bestimmt, meine Verehrer zu tragen. Dieses Wesen soll geliebt und geachtet sein von meinen Sklaven. Es soll gefürchtet werden von allen, die meinen Geboten nicht nachstreben. ›Und er schuf das Pferd und rief ihm zu: ›Dich habe ich gemacht ohnegleichen. Alle Schätze der Erde liegen zwischen deinen Augen. Du wirst meine Feinde werfen unter deine Hufe, meine Freunde aber tragen auf deinem Rücken. Dieser soll der Sitz sein, von welchem Gebete zu mir emporsteigen. Auf der ganzen Erde sollst du glücklich sein und vorgezogen sein allen übrigen Geschöpfen, denn dir soll die Liebe werden des Herrn der Erde. Du sollst fliegen ohne Flügel und Du sollst siegen ohne Schwert«« (Koran).

---

22 »Nichtsdestoweniger spielen die evozierten Gefährten in zweierlei Hinsicht die Rolle eines Arbeitsmodells. Erstens stellen sie prototypische Erinnerungen dar, die nicht nur auf ein einziges, früheres Ereignis beschränkt sind. Sie repräsentieren vielmehr die akkumulierte Geschichte eines Typs von Interaktionen mit einem anderen. Zweitens erfüllen sie in dem Sinne eine Orientierungsfunktion, dass die Vergangenheit Erwartungen im Hinblick auf Gegenwart und Zukunft erzeugt« (Stern, 1992, S. 167).

Imagination Nora

»Dann bin ich mit dem Pony einmal an einem Ast hängen geblieben. Und einmal ist er so erschrocken, dass er die Zügel durchgerissen hat. Daran habe ich mich erinnert. Da habe ich so über alles nachgedacht, was mir so mal passiert ist. Mit den Freunden auszureiten, hat Spaß gemacht. Und mit dem Pferd einer anderen Freundin war ich nicht so vertraut. Da sind wir an der Amper entlanggeritten. Und das Problem ist, da ist so eine ganz schnelle Schnellstraße und der Isländer war wahrscheinlich zwei Wochen gestanden. Und der ist noch so jung. Und dann ist der auf jeden Fall mit mir durchgegangen, und ich konnte den auch nicht mehr halten, und ich hatte Angst, dass, wenn ich ihn ganz arg in die Kurve lenke, dass er dann in die Amper fällt und das auch nicht einschätzen kann. Der war so schnell, ich hatte total Angst, und dann ist der einfach über diese Schnellstraße drüber galoppiert und ich ... da hatte ich echt ... da musste ich ... Da hatte ich echt Todesangst und dann hat auch alles gezittert.«

»Da hab ich über alles nachgedacht, was mir schon mal so passiert ist.« Wirklich wild sind die Pferde in Noras Imagination. Es ist eine rasende Erzählung traumatischer, teilweise lebensbedrohlicher Situationen. Obwohl die Ereignisse viele Jahre zurückliegen, sind sie im Moment der Imagination auf bizarre Weise an der Oberfläche. Sie stehen für ein Lebensgefühl unter höchster Anspannung und Bedrohung, das Nora als Kind mitunter kontraphobisch bewältigt haben muss. In diesem sehr bewegenden Moment unseres Gesprächs konnte ich die damit verbundenen Emotionen nur mit einem leisen Staunen über die vielen Schutzengel, die sie gehabt haben muss, in ihr und mir beruhigen.

Nora erzählt schließlich noch einen sich wiederholenden Traum aus der Zeit ihrer Kindheit:

»Also da habe ich oft geträumt, dass ich meine Mama mit einem Pferd rette, mit so einem schwarzen Pferd. Genau, dass ich dann auf dem Pferd weggaloppiere und meine Mama mitnehme und meine Schwester auch.«

Sie bringt den Traum mit ihrer Imagination in Verbindung, da sie auch da mit dem Pferd so schnell galoppieren musste.

Nora kam als sechsjährige Tochter drogenabhängiger Eltern – Vater verstorben – in die Heimeinrichtung; vernachlässigt, hoch aggressiv, ausgegrenzt und abgelehnt von anderen Kindern, die sie »zu anstrengend« fanden. Abgelehnt wurde sie auch von ihrer inhaftierten Mutter, die zu ihr als einzigem ihrer vier Kinder keinen Kontakt mehr aufnehmen wollte. Im Kontakt mit den Pferden habe sie sich, wie Nora selbst sagte, schließlich angenommen gefühlt und sei ruhiger geworden. Inzwischen ist sie eine attraktive, beruflich erfolgreiche junge Frau. Trotz ihrer traumatischen Erlebnisse mit den beiden Pferden ihrer Freundinnen waren es *Pferde*, die ihr im Laufe ihrer Therapie zu Vertrauen und Selbstakzeptanz verhalfen. Der Weg in vertrauensvolle Beziehungen zu anderen Menschen war für sie weit schwieriger.

Imagination Marilyn

»Ich laufe durch eine sonnige, hügelige Landschaft mit hohen, wilden Gräsern und Blumen, in der Ferne sehe ich einen Weidenbaum. Es ist im Spätsommer, ein Friese läuft frei neben mir, mal auch weiter entfernt, aber immer in Sichtkontakt.«

Friesen – schwarze, leichte Kaltblutpferde mit ausgeprägtem Langhaar – zeichnen sich durch ein unkompliziertes und nervenstarkes Wesen aus; sie gelten als robust, geduldig und sanftmütig. Das Pferd läuft frei in Marilyns Imagination, und dennoch bleibt es sicher und zuverlässig in Sichtnähe, auf sie bezogen. Es scheint ein unsichtbares Band zu geben zwischen den beiden, eine Beziehungsqualität, die Marilyn in ihrem Interview als »spirituell« bezeichnet. Auch sie erzählt im Anschluss an ihre Imagination von einem Traum, der sie sehr berührt habe:

»Wir waren am Meer, es waren Schwertwale da, und es gab wild lebende Pferde, die am Strand entlanggelaufen sind. Ein Pferd blieb hängen in einem Flusslauf, und wir mussten es retten und herausholen. Das haben wir geschafft, das Pferd war okay.«

Auch hier befinden sich Träumerin und Pferde wieder am Meer, und es sind wilde Pferde, von denen aber eines offenbar selbst in Not gerät und gerettet werden muss. Schwertwale, Orcas, gelten als die schlausten und gefährlichsten aller Raubfische; sie befinden sich am obersten Ende der Nahrungskette in den Meeren. Einige Exemplare dieser Spezies in Nordamerika, der früheren Heimat Marilyns, haben sich auf junge Robben und Seelöwen spezialisiert, die sie wie einen Tennisball mit der Schwanzflosse durch die Luft schlagen. Marilyn träumt häufig von Schwertwalen.

Die Beschäftigung mit den Träumen steht in der therapeutischen Praxis der Analytischen Psychologie C. G. Jungs im Zentrum. In den Bildern und Symbolen der Träume Sinnbezüge und Entwicklungsmöglichkeiten aus dem *Selbst,* dem Kern der eigenen Person, heraus zu erkennen und gemeinsam mit der Therapeutin verstehen zu können, ist der Königsweg einer Jung'schen Psychotherapie. Neben der *objektstufigen* Sicht auf den Traum, in der das Traum-Ich in seinen Beziehungen zu anderen Personen, Tieren, Geschehnissen etc. angeschaut wird, führte Jung die *subjektstufige Betrachtung* ein. Dies ist eine Art der Traumdeutung, bei der alle Wesen, Objekte und Gestalten eines Traumes als personifizierte Anteile der eigenen Psyche verstanden werden.

Wenn man Marilyns Traum aus dieser Perspektive betrachtet, scheinen auf den ersten Blick recht gegensätzliche Kräfte in der Träumerin zu existieren: die hoch aggressiven Räuber, die sich an diesem Strand im Wasser tummeln auf der einen und die sensiblen Fluchttiere, von denen eines Hilfe benötigt, auf der anderen Seite. Die Schwertwale wirken in dem Traum allerdings nicht wirklich aggressiv, geschweige denn bedrohlich. Man könnte annehmen, dass Marilyns eigene Wehrhaftigkeit, ihre aggressiven Kräfte noch wenig greifbar, wenig verfügbar sind. Sie sind noch im Meer, im Wasser, im Unbewussten, werden aber im Traum mit diesem starken Symbol der Schwertwale an das Bewusstsein der Träumerin herangetragen. Sie handelt ja auch, sie greift ein, und sie ist dabei nicht allein, sondern spricht von einem »Wir«, das vielleicht ihre (internalisierte) Therapeutin einschließt. Gemeinsam können sie das gestürzte Pferd befreien. Dass dieses Pferd, das im Flusslauf hängen blieb, wieder aufstehen kann, erlaubt eine positive Prognose für ihre eigene Möglichkeit, sich – auch aus ihrer Krisensituation heraus – wieder aufzurichten.

Einige der hier *nicht* besprochenen Imaginationen bewegten sich um Erinnerungen an reale Situationen mit den Therapiepferden. Teilweise beinhalteten sie kleine Nuancen besseren Gelingens, teilweise Bilder und Fantasien, die sich durch eine gewisse Komplementarität zur aktuellen Bewusstseinssituation der Imaginierenden auszeichneten. So etwa ließen sich Pferde, die sonst ihre Menschen gern warten lassen, bereitwillig von der Koppel holen oder auf dem Reitplatz gelang ein kleiner Sprung.

Sophie hatte im Interview von dem für sie sehr bedeutsamen Wunsch erzählt, ihr oft gehetztes und übereiltes Agieren zu entschleunigen und anstehende Aufgaben mit viel mehr Ruhe anzugehen. Sie sah sich angelehnt zwischen Hals und Schulter des im Gras liegenden Pferdes mit auf der Wiese liegen.

In vielen der Imaginationen deuteten sich Entwicklungsthemen mit dem Pferd oder in der Projektion auf das Pferd an. Oft fanden sich Umschlag- oder Wendepunkte in der Erzählung, die neue (Handlungs-)Möglichkeiten einleiteten. Nahezu alle Imaginationen waren von gehobenen Emotionen begleitet. Diese reichten in den Formulierungen der Gesprächspartnerinnen von »wohlig« und »leicht«, über »fröhlich, befreit«, bis zu »friedlich, stark und glücklich«. Valerie beschrieb ihr Empfinden in der Imagination, in der ihr Pferd einfach nur vor ihr stehen blieb und sie anschaute, als »so glücklich und froh«, dass sie im Nachgespräch sehr bewegt und gerührt fürchtete, »gleich in Tränen auszubrechen«.

In nahezu allen Imaginationen ist eines der vier Elemente der Hintergrund, vor dem sich das weitere Geschehen entfaltet. Oft stehen die Pferde in Verbindung mit den mütterlich tragenden Elementen Erde und Wasser. Im Wind deutet sich darüber hinaus das Element der Luft und eine geistig transzendente, seelische Ebene an. In den galoppierenden, wilden und freilaufenden Pferden ist ihre Energie und Dynamik, ihr potenzielles Feuer zu spüren.

Nach wie vor bin ich sehr berührt, dankbar und froh, dass diese Imaginationen im Rahmen unserer Studie möglich waren. Die Interviewgespräche erlaubten differenzierte Einblicke in interaktionelle und emotionale Facetten der Beziehung zwischen Patientinnen und Pferden. Die Imaginationen und Träume gewährten mit ihren energetisch hoch aufgeladenen Bildern und Motiven Einblicke in die

Tiefendimension dieser Beziehungen. Vielleicht wirken die Energien der archetypischen Symbole des kollektiven Unbewussten in besonderen Momenten hinein in die therapeutischen Begegnungen zwischen Menschen und Pferden. Vielleicht ist es das, was das »Unsichtbare hinter dem Sichtbaren« ausmacht.

Abbildung 13: Franz Marc, Der Traum (1912)
»Er war der, welcher die Tiere noch reden hörte; und er verklärte ihre unverstandenen Seelen« (Else Lasker-Schüler)

10 Zusammenschau und Ausblick

In unserer Pilotstudie zur pferdegestützten Psychotherapie haben wir versucht, das *subjektive Erleben* von Patientinnen und Therapeutinnen zu erfassen, indem wir sie baten, uns die Wirkung der Pferde auf den Therapieprozess zu beschreiben. Fünf approbierte Psychotherapeutinnen, eine tiefenpsychologisch orientiert arbeitende Traumapädagogin, 15 Patientinnen und ein Patient fanden sich zu semistrukturierten Interviews bereit. Alle Therapeutinnen verfügten über hippologische bzw. reiterliche Qualifikationen, die den Anforderungen des DKThR (Deutsches Kuratorium für Therapeutisches Reiten) entsprachen, ihre Pferde befanden sich in artgerechter Haltung.

Die pferdegestützte, in unserem Fall tiefenpsychologisch basierte, Psychotherapie impliziert eine Öffnung und Erweiterung des klassischen therapeutischen Settings. Sie ist eine Behandlungsvariante unter Beibehaltung aller wesentlichen Grundsätze tiefenpsychologisch bzw. analytischen Vorgehens, mit einem hinzukommenden, lebendigen Subjekt als Mittler und Medium, keineswegs eine neue Therapiemethode.

Die qualitative Auswertung der Interviews ließ sich auf sechs essenzielle Kernthemen verdichten:

1. In unserer Studie gingen die wesentlichen *Indikationen* für das Einbeziehen von Pferden in eine Psychotherapie aus den Diagnosen der beteiligten Patientinnen hervor. Zusammengefasst könnte man sagen: Eine pferdegestützte Psychotherapie erweist sich u. a. bei Menschen mit belastenden Beziehungserfahrungen in der Kindheit sowie mit Traumafolgestörungen als besonders geeignet. Mehr als zwei Drittel der Patientinnen nannten von sich aus Ängste, Überforderung und Widerstände, sich und ihre Situa-

tion einer Therapeutin unmittelbar verbal zu erklären, als wesentlichen Grund zur Einbeziehung der Pferde in ihre Therapie. Mehrheitlich wurden vorausgegangene, rein sprachgebundene Therapien als nicht hilfreich empfunden. Die Therapeutinnen bestätigten, dass oftmals das Einbeziehen der Pferde überhaupt erst das Zustandekommen einer therapeutischen Beziehung ermöglichte. Von den Patientinnen wurde die Beziehungsaufnahme mithilfe der Pferde als Brücke in die Therapie erlebt; über das Vertrauen zu dem emotional unbelasteten Lebewesen Pferd konnte Vertrauen zur Therapeutin entwickelt werden.

2. Als Medium steht das Pferd tatsächlich in der Mitte, im Zentrum der Kommunikation eines oszillierenden, intersubjektiven Feldes der jetzt *triangulierten therapeutischen Beziehung*. Die bei den Patientinnen durch die Pferde ausgelösten Gefühle von Halt, Schutz und Geborgenheit trugen wesentlich dazu bei, auch ihr Vertrauen in die Beziehung zu ihren Therapeutinnen zu fördern. Mit ihren unmittelbaren Reaktionen und ihrer Resonanz auf bewusste wie unbewusste Emotionen vermochten die Pferde in der Verständigung zwischen den Patientinnen und Psychotherapeutinnen zu vermitteln. Häufig reagieren sie deutlich auf ein Auseinanderdriften der emotionalen Verfasstheit und den nach außen kommunizierten Botschaften der Patientinnen. Sie wurden u. a. als *Seismografen* oder auch als *Dolmetscher* empfunden, wobei die Therapeutinnen sich durch das Verhalten der Pferde im Wahrnehmen und Reflektieren des nun wesentlich komplexeren Übertragungsgeschehens sensibilisiert, ergänzt und bestärkt fühlten.

3. Patientinnen und Psychotherapeutinnen befinden sich durch das Einbeziehen der Pferde in einem *Übergangsraum zwischen Praxis und Lebenswelt*. Psychologisch ist dieser Übergangsraum durchaus dem potenziellen Raum im Winnicott'schen Sinne vergleichbar. Sowohl Patientinnen als auch Psychotherapeutinnen brachten in vielfältiger Weise zum Ausdruck, dass dieser erweiterte Therapieraum eine Aktivierung von Ressourcen, eine Aktualisierung von Problemen und Konflikten und einen in konkretem

Handeln verankerten Erkenntnisgewinn ermöglichte. Durch den Kontakt zu den Pferden wurden alte Verhaltensmuster, negative Selbsteinschätzungen oder hinderliche Überzeugungen überraschend schnell deutlich und einer therapeutischen Bearbeitung leichter zugänglich.

4. Die wiegende Bewegung des Pferdes im Schritt, häufig in Verbindung mit sich synchronisierender Atmung oder Herzfrequenz, knüpft an frühe, unter Umständen auch defizitäre Erfahrungen eines umfassenden, körperlich-seelischen Getragenseins, einschließlich der vorgeburtlichen Situation an. In der Beziehung zum Pferd konnten die Patientinnen *körperliche Nähe und Wärme* im Sinne wiedergutmachender Beziehungserfahrungen nacherleben. Die mit dem *Bewegungsdialog* einhergehende, psychosomatische Beruhigung und Entspannung öffnete für die Patientinnen den Zugang zu verdrängten oder schwierigen, negativ konnotierten Emotionen wie Angst, Trauer oder Wut. Darüber hinaus schien die körperliche Berührung mit dem Pferd ein gewisses Vertrauen hinsichtlich der Regulierbarkeit dieser Emotionen zu generieren. Sowohl die Therapeutinnen als auch die Patientinnen sprachen von einer »erdenden« Wirkung der Pferde, die beiden Therapiepartnerinnen eine größere Sicherheit gab, sich der Bearbeitung traumatischer und bis dahin vor allem dissoziativ bewältigter Erlebnisse und Erfahrungen zuwenden zu können.

5. Patientinnen und Therapeutinnen beschrieben mit eindrücklichen Worten, dass sie ein tiefes Wissen der Pferde um die seelische Situation des Menschen für möglich halten. Alle Therapiepartnerinnen, jeweils auf ihre eigene Weise mit den Pferden verbunden, erlebten immer wieder mit Staunen das zugewandte *Bezogensein der Pferde auf den Menschen*. Die Patientinnen beschrieben Empfindungen von wortlosem Verstanden-, Geliebt-, Angenommen- und Beschütztwerden.

6. Häufig wurde von den Patientinnen betont, dass die Pferde sie mitnehmen in ihr *Eingebundensein in die Natur* und dass sie bereits die Natur an sich als heilsamen Ort ihrer Therapie

erlebten. Manche der Patientinnen fühlten sich in der Nähe der Pferde in der Tiefe »eins« mit sich selbst und wieder verbunden mit der eigenen, inneren Natur.

Eine Besonderheit unserer Studie bestand in der Anfrage an die Patientinnen, sich auf eine *Imagination* zu einem bzw. *ihrem* Pferd einzulassen. In den Imaginationen verdichteten sich nahezu alle oben genannten Aspekte zu inneren Bildern, in denen die Tiefendimension der Beziehungen zwischen Patientinnen und Pferden zum Ausdruck kam. Essenziell für alle beschriebenen Wirkungen sind die erlebten Beziehungsangebote der Pferde, ihre feine Resonanz, ihre Bereitschaft zur Kommunikation und Interaktion mit dem Menschen, vor allem ihre – von den beteiligten Therapiepartnern *empfundene* – Fähigkeit zur Empathie.

Die Beschreibung und Interpretation der oben zusammengefassten Erfahrungen wurden in den Kontext von Säuglingsforschung und Entwicklungspsychologie gestellt, auf Erkenntnisse aus der Psychotherapieforschung bezogen und durch Konzepte aus Ethologie und Neurobiologie untermauert. An einigen Stellen wurden Beispiele aus der eigenen psychotherapeutischen Praxis sowie Verhaltensbeobachtungen in der Gruppe eigener Pferde eingefügt, wo es zur Illustration der Annahmen und Aussagen sinnvoll erschien.

Die Nachfrage an pferdegestützten Psychotherapieangeboten steigt stetig, vor allem sehen wir einen wachsenden Bedarf in der Begleitung von beziehungstraumatisierten Kindern und Jugendlichen sowie von Menschen mit Traumafolgestörungen. Es ist zu hoffen, dass diesem Bedarf langfristig mit qualifizierten Angeboten begegnet werden kann. In diesem Sinne brauchen wir *Fortbildungsangebote,* in denen die Sensibilität der Psychotherapeutinnen für die empathischen Resonanzpotenziale der Pferde geschult und verfeinert werden. Damit sollten sie ermutigt werden, die Arbeit mit dem Pferd auf der Basis ihrer jeweiligen hippologischen Vorerfahrungen in die Konzepte der vorhandenen psychotherapeutischen Ausrichtungen stimmig zu integrieren.

Im Zuge weiterer *Forschungsbemühungen* könnten zunächst vor allem detaillierte Einzelfall-Prozessstudien, möglichst videobasiert, der Komplexität und Einzigartigkeit des interaktionellen Beziehungsgeschehens in pferdegestützten Psychotherapien gerecht werden. Wünschenswert ist, dass sich auch weitere, *interdisziplinäre* Forschungsinitiativen zur Erhellung der kommunikativen und empathischen Resonanzprozesse zwischen Menschen und Pferden generieren lassen – sowohl um vorhandene Potenziale der Pferde deutlicher zu erkennen als auch um Idealisierungen entgegenzuwirken. Hier geht es darum, Modalitäten zu finden, die die Kluft zwischen Forschung und klinischer Praxis zu überbrücken vermögen. Mit einer für die nahe Zukunft angedachten Folgestudie in Kooperation mit der SFU Linz, Studiengang Psychotherapiewissenschaft, rückt diese Vision in die Nähe realer Möglichkeiten.

Vielleicht ein wenig entgegen der heutigen Tendenz, digitale therapeutische (Ersatz-)Medien und manualbasierte Therapiestrategien einzusetzen, bestätigt unsere Studie eine wesentliche Erkenntnis: »Am Anfang ist Beziehung.« Die ebenso schlichte wie bedeutsame Feststellung des Jung'schen Analytikers Mario Jacoby (zit. nach Otscheret u. Braun, 2005, S. 8) zur intersubjektiven Neuorientierung in der psychoanalytischen Theorie markiert die wesentlichste *Voraussetzung* seelischer Entwicklung und Nachreifung in psychotherapeutischen Heilungsprozessen. Empathie, emotionales Verstehen und authentisches, wertschätzendes Bezogensein zwischen Psychotherapeutin und Patientin sind der Schlüssel zu gelingenden psychotherapeutischen Prozessen. Die Herausforderung ist und bleibt das Gestalten einer individuell abzustimmenden therapeutischen Beziehung, in der Vertrauen in die eigenen Entwicklungspotenziale entstehen und wachsen kann.

Abschließend noch einige persönliche Worte. Immer wieder bewegt und berührt es mich tief, wenn sich in Zeichnungen gerade sehr junger Kinder die gesamte Komplexität ihrer inneren Problematik symbolisch verdichtet abbildet[23]. In Initialträumen erwachsener Patienten und Patientinnen tauchen nahezu verlässlich Bilder auf,

---

23 Susan Bach (1995, S. 13 f.), in London und Zürich praktizierende Jung'sche Analytikerin, widmete sich in ihrer Forschung u. a. den Zeichnungen lebensbedrohlich erkrankter Kinder an der Neurochirurgischen Universitätsklinik Zürich. Sie erkannte in solchen spontanen Zeichnungen diagnostisch aufschlussreiche, somatische Aspekte und sprach von dem Phänomen »vorausweisender Zeichen«.

Zusammenschau und Ausblick

in denen sich meist noch unbewusste, innere Konflikte in mitunter erstaunlicher Deutlichkeit zeigen.

Nie werde ich den Moment und das Gefühl von still stehender Zeit vergessen, in dem eines meiner Therapiepferde an einem sonnigen Wintertag für mehrere Minuten die Augen schloss, während die auf ihm sitzende, junge Patientin einen sich in der Erde verwurzelnden Baum imaginierte. Es ist immer wieder verblüffend, wenn von uns noch nicht erfasste oder bisher unerwähnte innere Themen eines Patienten in einer kollegialen Intervision erahnt und angesprochen und dann in der unmittelbar folgenden Therapiestunde von dem betreffenden Patienten selbst ausgesprochen werden.

Dies sind Phänomene, die wir so oder ähnlich alle kennen, die sich aber belegbarer Erklärung entziehen; vielleicht ist es Intuition im weitesten Sinne, vielleicht die Resonanz in und zwischen Zellkernen, vielleicht sind es Bewusstseinssphären, die als morphische Felder (Rupert Sheldrake) bezeichnet werden, über deren wirkliche Struktur und Beschaffenheit wir aber ebenso wenig wissen, wie über die Schnittstelle zu der uns möglichen Wahrnehmung. So ist es neben allem, was wir zu ergründen suchen, neben dem handfest Konkreten in den vielfältigen, wunderbaren und so sehr beeindruckenden Reaktionen der therapeutisch einbezogenen Pferde, letztlich das nicht restlos zu Erklärende, das Geheimnisvolle, das mich – das uns – fasziniert und begeistert.

Dank

Nachdem dieses Buch auf einer »Qualitativen Pilotstudie zu spezifischen Wirkfaktoren in der pferdegestützten Psychotherapie« basiert, erschien es mir fraglos geboten, meinen Dank an die Menschen, die an der Studie beteiligt waren, schon in der Einführung auszusprechen – ohne sie wäre das Buch nicht zustande gekommen.

An dieser Stelle möchte ich der Susan Bach Foundation CH, insbesondere Frau lic. phil. Katharina Casanova, Präsidentin der Stiftung, sowie der Heidehofstiftung Stuttgart, insbesondere Herrn Dr. Thomas Reichle, sehr herzlich für die großzügige Unterstützung danken.

Mein ganz persönlicher Dank für ihr engagiertes und bereicherndes Lektorat gilt Frau Dr. Eva-Maria Spiller, meiner Freundin und Wegbegleiterin durch die analytische Ausbildung am C. G. Jung Institut Zürich. Ebenso danke ich Frau Ulrike Rastin und dem Verlagsteam für die hocherfreuliche Zusammenarbeit in der Gestaltung des Buches.

Danken möchte ich auch unserer Arbeitsgruppe, der Fachgruppe Arbeit mit dem Pferd in der Psychotherapie (FAPP), die als Forschungsgruppe im Hintergrund über so viele Jahre unsere Freude daran, immer wieder fragen, suchen, lernen und verstehen zu wollen, stets neu entfacht hat.

Zuletzt möchte ich den Pferden danken – jenen, die mich durch mein bisheriges Leben begleitet haben, aber auch all denen, die sich mit ihrem ganzen Wesen und ihren kaum gänzlich zu erfassenden Fähigkeiten an die Seite therapeutisch begleiteter und begleitender Menschen stellen.

Literatur

Bach, S. (1990). Das Leben malt seine eigene Wahrheit – Über die Bedeutung spontaner Malereien schwerkranker Kinder. Zürich: Daimon.

Baum, M. (1991). Das Pferd als Symbol. Zur kulturellen Bedeutung einer Symbiose. Frankfurt a. M.: Fischer.

Beck-Broichsitter, H. (2010). Was heißt hier klassisch? Streitbare Schriften für reiterliche Werte. München: WuWei.

Buchholz, M. B. (2009). Qualitative und quantitative Methoden in der Psychotherapieforschung – Vortrag im Rahmen der 51. Lindauer Psychotherapiewochen. https://www.lptw.de/archiv/vortrag/2009/buchholz-michael-qualitative-und-quantitative-methoden-in-der-psychotherapieforschung-lindauer-psychotherapiewochen2009.pdf (Zugriff am 03.06.2020).

Cooper, J. C. (1986). Illustriertes Lexikon der traditionellen Symbole. Leipzig: Seemann.

Deutsche Gesellschaft für Endokrinologie (2018). Nasenspray gegen Angststörungen: Kuschelhormon Oxytocin könnte Therapie psychischer Erkrankungen ergänzen. Pressemitteilung des 61. Deutschen Kongresses für Endokrinologie, 14.–16. März 2018 in Bonn. https://www.endokrinologie.net/pressemitteilung/nasenspray-gegen-angststoerungen.php (Zugriff am 03.06.2020).

Fachgruppe Arbeit mit dem Pferd in der Psychotherapie (FAPP)/Deutsches Kuratorium für Therapeutisches Reiten e. V. (DKThR) (Hrsg.) (2005). Psychotherapie mit dem Pferd – Beiträge aus der Praxis, Band 1. Warendorf: FNverlag.

Fachgruppe Arbeit mit dem Pferd in der Psychotherapie (FAPP)/Deutsches Kuratorium für Therapeutisches Reiten e. V. (DKThR) (Hrsg.) (2018). Psychotherapie mit dem Pferd – Beiträge aus der Praxis, Band 2. Warendorf: FNverlag.

Fonagy, P., Gergely, G., Jurist, E. L., Target, M. (2006). Affektregulierung, Mentalisierung und die Entwicklung des Selbst. Stuttgart: Klett-Cotta.

Freud, S. (1909). Analyse der Phobie eines fünfjährigen Knaben. GW VII (S. 241–377). Frankfurt a. M.: Fischer.

Gansterer, U.-D. (2011). Equotherapie® und Mentalisierung – Analogien frühkindlicher und equotherapeutischer nonverbaler Interaktionsprozesse. Diplomarbeit Studiengang Pädagogik Universität Wien 2011. http://othes.univie.ac.at/14401/ (Zugriff am 03.06.2020).

Glaser, B. G., Strauss, A. L. (1967). The discovery of grounded theory – Strategies for qualitative research. Chicago: Aldine Publishing Company.

Gomolla, A. (Hrsg.) (2016). Praxisreihe pferdegestützte Psychotherapie. Bd. 1: Theorieeinblicke und Praxisberichte aus der pferdegestützten Verhaltenstherapie mit Erwachsenen. Norderstedt: BoD.

Grawe, K. (2005). (Wie) kann Psychotherapie durch empirische Validierung wirksamer werden? Psychotherapeutenjournal, 4 (1), 4–11.

Grieser, J. (2015). Triangulierung. Gießen: Psychosozial.

Hanneder, S. (1997). Die Gestaltung des Beziehungsgefüges mit dem »Medium« Pferd. Therapeutisches Reiten, 3, 7–14.

Hanneder, S. (2007). Psychotherapie mit dem Medium Pferd. Theoretische Überlegungen und exemplarische Darstellung des psychotherapeutischen Vorgehens in der Arbeit mit dem Pferd. http://pferdeprojekt. weebly.com/uploads/1/0/4/3/10430942/artikel_hanneder_-_pt_mit_dem_medium_pferd.pdf (Zugriff am 03.06.2020).

Hanneder, S., Papke, A. (2020). Das Pferdeprojekt der FU Berlin – Der Einsatz von Pferden als Medium in der Psychotherapie. In L. Hauten, T. Nölle, T. Fenster (Hrsg.), Siegfried Schubenz – Initiativen und Perspektiven (S. 163–192). Göttingen: V & R Unipress.

Hediger, K. Zink, R. (2017). Pferdegestützte Traumatherapie. München; Basel: Ernst Reinhardt.

Heintz, B. (1999). Vortragsabdruck 3. Europäischer Kongress für Therapeutisches Reiten »Das Pferd in der Kinderpsychotherapie«. Therapeutisches Reiten, 1, 23–27.

Heintz, B. (2005). Lucia – Therapie einer Jugendlichen mit Posttraumatischem Belastungssyndrom. In Fachgruppe Arbeit mit dem Pferd in der Psychotherapie (FAPP)/Deutsches Kuratorium für Therapeutisches Reiten e. V. (DKThR) (Hrsg.), Psychotherapie mit dem Pferd – Beiträge aus der Praxis, Bd. 1 (S. 64–75). Warendorf: FNverlag.

Heintz, B. (2008). Erziehung und Entwicklungsförderung oder Psychotherapie seelischer Erkrankung? – Versuch einer wertschätzenden Unterscheidung von heilpädagogischer und psychotherapeutischer Arbeit mit dem Pferd. Vortragsabdruck vom 12.04.2008 in Wien. Internationaler Kongress »Mensch und Pferd im Dialog«. Mitteilungen ÖKTHR, 1/08, 21–29.

Heintz, B. (2018). Das Pferd als Symbol in Mythen, Märchen, Träumen und psychotherapeutischen Prozessen. In Fachgruppe Arbeit mit dem Pferd in der Psychotherapie (FAPP)/Deutsches Kuratorium für Therapeutisches Reiten e. V. (DKThR) (Hrsg.), Psychotherapie mit dem Pferd – Beiträge aus der Praxis, Bd. 2 (S. 169–189). Warendorf: FNverlag.

Heintz, B., Weiger, M. (2005). Psychotherapie mithilfe von Pferden – Eine tragende Beziehung. Deutsches Ärzteblatt PP, 10, 464–465.

Heintz, B., Weiger, M. (2020). Pferdegestützte Psychotherapie – Heilsame Wirkung auf die Seele. Deutsches Ärzteblatt PP, 6, 268–270.

Heintz, B., Weiger, M. (2020). Pferdegestützte Psychotherapie. Ein neues Fachgebiet und zwei Pilotprojekte. Therapeutisches Reiten, 2, 28–34.

Hollmann, L. (Regie, 2018). Dokumentarfilm »Stiller Kamerad«.
Jacoby, M. (1993). Übertragung und Beziehung in der Jungschen Praxis. Düsseldorf: Walter.
Julius, H., Beetz, A., Kotrschal, K., Turner, D. C., Unväs-Moberg, K. (2014). Bindung zu Tieren – Psychologische und neurobiologische Grundlagen tiergestützter Interventionen. Göttingen: Hogrefe.
Julius, H., Beetz, A., Ragnarsson, S. (2017). Bindung und pferdegestützte Interventionen. Mensch und Pferd International, 4, 140–152.
Jung, C. G. (1971). Psychologische Typen. Olten: Walter.
Jung, C. G. (1973). Symbole der Wandlung. Olten: Walter.
Jung, C. G. (1989). Die Archetypen und das kollektive Unbewußte. Olten: Walter.
Jungbauer, G. (1923). Das Zauberroß. In Märchen aus Turkestan und Tibet. Die Märchen der Weltliteratur, Bd. 28. Hrsg. von F. von der Leyen u. P. Zaunert. Jena: Diederich.
Kaden, D. (Regie, 2011). Dokumentarfilm »Die heilende Sprache der Pferde«. arte, HR. Informationen unter https://programm.ard.de/TV/arte/die-heilende-sprache-der-pferde/eid_287241038903544
Kast, V. (1990). Die Dynamik der Symbole. Olten: Walter.
Kast, V. (2006). Die Analytische Psychologie in der Therapielandschaft. In G. Mattanza, I. Meier, M. Schlegel (Hrsg.), Seele und Forschung – Ein Brückenschlag in der Psychotherapie (S. 26–37). Basel: Karger.
Kast, V. (2019). Träumend imaginieren. Einblicke in die Traumwerkstatt. Göttingen: Vandenhoeck & Ruprecht.
Klüwer, B. (2019). Forum: Therapeutisches Reiten national und international. Psychotherapeutisches Reiten in der Psychosomatik. Mensch und Pferd, 1, 16–24.
Klüwer, C. (1988). Die spezifischen Wirkungen des Pferdes in den Bereichen des Therapeutischen Reitens. Therapeutisches Reiten, 3.
Legewie, H. (2016). 11. Vorlesung – Qualitative Forschung und der Ansatz der Grounded Theory. http://www.ztg.tu-berlin.de/download/legewie/Dokumente/Vorlesung_11.pdf (Zugriff am 03.06.2020).
Liedloff, J. (1985). Auf der Suche nach dem verlorenen Glück – Gegen die Zerstörung unserer Glücksfähigkeit in der frühen Kindheit. München: Beck.
Marlock, G., Weiss, H. (2006). Handbuch der Körperpsychotherapie. Frankfurt a. M.: Schattauer.
Mehlem, M. (1994). Elemente körperorientierter Verfahren im psychotherapeutischen Reiten mit psychosomatisch erkrankten Menschen. In Deutsches Kuratorium für therapeutisches Reiten e. V. (DKThR), Die Arbeit mit dem Pferd in Psychiatrie und Psychotherapie, Sonderheft (S. 75 ff.). Warendorf: DKThR.
Mehlem, M. (2018). Ego-State-Therapie mit dem Pferd. In Fachgruppe Arbeit mit dem Pferd in der Psychotherapie (FAPP)/Deutsches Kuratorium für Therapeutisches Reiten e. V. (DKThR) (Hrsg.), Psychotherapie mit dem Pferd – Beiträge aus der Praxis, Bd. 2 (S. 10–34). Warendorf: FNverlag.

Orange, D. M, Atwood, G. E., Stolorow, R. D. (2001). Intersubjektivität in der Psychoanalyse. Kontextualismus in der psychonalytischen Praxis. Frankfurt a. M.: Brandes & Apsel.

Otscheret, L. (2005). Dialektik ohne Dialog. Intersubjektivität bei C. G. Jung. In L. Otscheret, C. Braun (Hrsg.), Im Dialog mit dem Anderen – Intersubjektivität in Psychoanalyse und Psychotherapie (S. 57–84). Frankfurt a. M.: Brandes & Apsel.

Otscheret, L., Braun, C. (2005). Einleitung. In L. Otscheret, C. Braun (Hrsg.), Im Dialog mit dem Anderen – Intersubjektivität in Psychoanalyse und Psychotherapie (S. 8–13). Frankfurt a. M.: Brandes & Apsel.

Papke, A. (1997). Das Pferd als Medium in der Psychologischen Psychotherapie mit Kindern und Jugendlichen. Unveröffentlichte Dissertation, Freie Universität Berlin.

Parent, I. B. (2016). Grundlagen der Pferdeunterstützten Traumatherapie. Mit Beispielen aus der Behandlung einsatzbedingter Belastungsstörung. Ilka Parent/Minds-n-Motion.

Pfungst, O. (1907). Das Pferd des Herrn von Osten (Der Kluge Hans). Ein Beitrag zur experimentellen Tier- und Menschen-Psychologie. Leipzig: J. A. Barth.

Psychoneuroimmunologie-Kongress Innsbruck (2018). Psychoneuroimmunologie im Lauf des Lebens. Das Unsichtbare hinter dem Sichtbaren. Wege zu einer neuen Medizin. 2. PNI-Kongress vom 14.–16.09.2018. https://psychoneuroimmunologie-kongress.at/images/Flyer2018.pdf (Zugriff am 03.06.2020).

Rizzolatti, G., Sinigaglia, C. (2008). Empathie und Spiegelneurone: Die biologische Basis des Mitgefühls. Frankfurt a. M.: Suhrkamp.

Romanczuk-Seiferth, N., Schwitzer, S. (2019). Pferdegestützte Therapie in der Behandlung von Traumafolgestörungen. Psychotherapeutenjournal, 2, 146–155.

Scheidhacker, M., Bender, W., Vaitl, P. (1991). Die Wirksamkeit des therapeutischen Reitens bei der Behandlung chronisch schizophrener Patienten. Der Nervenarzt, 62 (5), 283–287.

Schlegel, M. (2013). Evolution der Empathie. Ein Essay. Psychotherapie-Wissenschaft, 3 (2), 90–102. https://www.psychotherapie-wissenschaft.info/index.php/psywis/article/view/170/233 (Zugriff am 04.06.2020).

Schrimpf, A., Single, M.-S., Nawroth, C. (2020). Social referencing in the domestic horse. Animals, 10 (1), 164. https://www.mdpi.com/2076-2615/10/1/164/htm (Zugriff am 04.06.2020).

Smith, A., Proops, L., Grounds, K., Wathan, J., McComb, K. (2016). Functionally relevant responses to human facial expressions of emotion in the domestic horse. Biology Letters, 12 (2): 20150907. https://royalsocietypublishing.org/doi/10.1098/rsbl.2015.0907 (Zugriff am 04.06.2020).

Stern, D. (1992). Die Lebenserfahrung des Säuglings. Stuttgart: Klett-Cotta.

Stern, D. (2005). Der Gegenwartsmoment. Frankfurt a. M.: Brandes & Apsel.

Takimoto, A., Nakamura, K., Hasegawa, T. (2018). Cross-modal perception of human emotion in domestic horses (Equus caballus). Scientific Reports, 8, Article number:8660 (2018). https://www.nature.com/articles/s41598-018-26892-6 (Zugriff am 04.06.2020).

Vogel, R. (2012). Analytische Psychologie und die ihr angemessenen Forschungsmethoden – Epistemologische Überlegungen zu ihrem Status als Wissenschaft. Analytische Psychologie, 167 (1), 75–105.

de Waal, F. (2011). Das Prinzip Empathie – Was wir von der Natur für eine bessere Gesellschaft lernen können. München: Hanser.

Watzlawick, P. (2016). Man kann nicht nicht kommunizieren. Das Lesebuch (2. Aufl.). Bern: Hogrefe.

Weiger, M. (2005). Pferde – Wegbegleiter aus der Depression. In Fachgruppe Arbeit mit dem Pferd in der Psychotherapie (FAPP)/Deutsches Kuratorium für Therapeutisches Reiten e. V. (DKThR) (Hrsg.), Psychotherapie mit dem Pferd – Beiträge aus der Praxis, Band 1 (S. 94–108). Warendorf: FNverlag.

Weiger, M. (2018). Frau Hauser und das Kind im Keller – Stationen einer tiefenpsychologisch fundierten Psychotherapie mit Pferden bei einer Patientin mit Posttraumatischem Belastungssyndrom. In Fachgruppe Arbeit mit dem Pferd in der Psychotherapie (FAPP)/Deutsches Kuratorium für Therapeutisches Reiten e. V. (DKThR) (Hrsg.), Psychotherapie mit dem Pferd – Beiträge aus der Praxis, Band 2 (S. 35–51). Warendorf: FNverlag.

Winnicott, D. W. (1974). Vom Spiel zur Kreativität. Stuttgart: Klett.

Zerssen, D. von, Petermann, F. (2011). Bf-SR. Die Befindlichkeitsskala. Revidierte Fassung. Göttingen u. a.: Hogrefe.

Anhang

Die Therapeutinnen

Anne-Kristin Siemering
Kinder- und Jugendlichenpsychotherapeutin mit tiefenpsychologisch fundierter Ausbildung und Weiterbildungen in Psychodrama und Gestalttherapie. Praxis in Berlin-Steglitz, Trainer C.

Marika Weiger, Dr. med.
Ärztin für Psychosomatische Medizin und Psychotherapie mit tiefenpsychologisch fundierter und verhaltenstherapeutischer Ausbildung für das Einzel- und Gruppensetting. Praxis in Pfarrkirchen (Ndb.), Trainer B.

Susanne Tarabochia
Reittherapeutin (DKThR) und Traumapädagogin (DEGPT) mit Weiterbildungen in körperorientierter Psychotherapie am Pferd. Leitung der Reittherapie Tabaluga Kinderstiftung Tutzing, Trainer C.

Angelika Rückl-Kast
Analytische Kinder- und Jugendlichenpsychotherapeutin, Kunsttherapeutin, Praxis nahe Heilbronn, Reitpädagogin (Equimotion, Luxemburg).

Ilka Parent
Psychologische Psychotherapeutin mit Ausbildung in tiefenpsychologisch fundierter und analytischer Psychotherapie (USA), Praxis nahe Ramstein, EAGALA Trainerin.

Barbara von Morgen
Psychologische Psychotherapeutin mit tiefenpsychologisch fundierter Ausbildung für Kinder, Jugendliche und Erwachsene; Praxis in Egestorf/Lüneburger Heide; Trainer C (FN).

Die Patientinnen

Patientin[24]	Diagnose (belastende Lebenssituation)	Therapeutin
Frau H.* (42 Jahre)	Posttraumatisches Belastungssyndrom (PTBS)	Marika Weiger
Anna* (20 Jahre)	Generalisierte Angststörung, diverse Phobien	Anne-Kristin Siemering
Sophie (20 Jahre)	Zwangserkrankung	Barbara von Morgen
Sabine (24 Jahre)	Anorexia nervosa, dissoziative Störung	Barbara von Morgen
Frau A. (52 Jahre)	Generalisierte Angststörung	Barbara von Morgen

---

24 Alle Namen wurden geändert.
*Ausführliche Therapieverläufe in: Fachgruppe Arbeit mit dem Pferd in der Psychotherapie (FAPP)/Deutsches Kuratorium für Therapeutisches Reiten e. V. (DKThR) (Hrsg.) (2018). Psychotherapie mit dem Pferd – Beiträge aus der Praxis, Band 2.

Patientin[24]	Diagnose (belastende Lebenssituation)	Therapeutin
Frau M. (42 Jahre)	PTBS, Selbstverletzung, dissoziative Störung	Ilka Parent
Herr C. (43 Jahre)	PTBS nach Auslandseinsatz	Ilka Parent
Marilyn (32 Jahre)	PTBS, Panikattacken	Ilka Parent
Frau Sch. (52 Jahre)	Generalisierte Angststörung, Panikattacken	Angelika Rückl-Kast
Frau E. (58 Jahre)	PTBS	Angelika Rückl-Kast
Frau F. (54 Jahre)	Mittelgradige bis schwere Depression	Angelika Rückl-Kast

Patientin[24]	Diagnose (belastende Lebenssituation)	Therapeutin
Jessika (13 Jahre)	Kind einer psychisch kranken Mutter	Angelika Rückl-Kast
Maja (20 Jahre)	Traumatisierung durch familiäre Gewalt	Susanne Tarabochia
Bina (18 Jahre)	Traumatisierung durch familiäre Gewalt	Susanne Tarabochia
Valerie (23 Jahre)	Kind einer psychisch kranken Mutter	Susanne Tarabochia
Nora (21 Jahre)	Kind drogenabhängiger Eltern	Susanne Tarabochia

Interviewleitbögen

A. Patientin

Wie lange ist es jetzt her, dass Sie bei Frau … eine Therapie begonnen haben? Mögen Sie kurz erzählen, was Sie damals in die Therapie geführt hat?

Wie kam es, dass in Ihre Therapie die Arbeit mit dem Pferd einbezogen wurde? War es Ihr Wunsch, schlug die Therapeutin dies vor, hatten Sie Vorerfahrungen?

Können Sie sagen, wie Sie sich gefühlt haben, wenn Sie bei den Pferden waren (ggf. im Gegensatz zu den Terminen in der Praxis)?

Was war es, was das Pferd/die Arbeit mit dem Pferd Ihnen geben konnte in Ihrer Therapie – im Vergleich zu einer Therapie/ Therapiephasen ohne Pferd?

Wie würden Sie Ihre Beziehung zu dem Pferd/den Pferden beschreiben?

Hat die gemeinsame Arbeit mit dem Pferd die Beziehung zu Ihrer Therapeutin verändert? – Wenn ja, wie?

Was waren für Sie wichtigste, bedeutsamste Situationen oder Erlebnisse mit dem Pferd/den Pferden?

Hat sich etwas von dem auf die weitere Therapie ausgewirkt? Hat sich durch die Therapie für Sie etwas verändert?

Gab es während Ihrer Therapie einen *Traum,* an den Sie sich besonders gut erinnern?

B. Therapeutin

Wir sprechen über die Therapie mit ... Wie lange haben Sie miteinander gearbeitet/bis wann?

Wie war die Arbeit mit den Pferden in das sonstige psychotherapeutische Setting integriert (phasenweise, abwechselnd, ausschließlich pferdegestützt)?

Wie sind Ihre Pferde ausgebildet?

Werden sie regelmäßig gearbeitet/trainiert? Wenn ja, wie?

Wie werden sie eingesetzt (Ausrüstung)?

Welche Bedeutungen kann das Pferd für Sie in einer Therapiesituation haben?

Wie würden Sie ihre Haltung/Ihre Beziehung zu den Pferden beschreiben?

Wenn Sie nochmal an die Therapie mit ... zurückdenken, was bewog Sie, in dieser Therapie ein Pferd einzubeziehen?

Was waren die für Sie wichtigsten Szenen/Momente mit Ihrer Patientin/Ihrem Patienten in der Arbeit mit dem Pferd?

Was, glauben Sie, ist es, was die Pferde beitragen in der psychotherapeutischen Situation, und wie erleben Sie ihre Präsenz und ihre Resonanz?

Welche Auswirkung hatte die Arbeit mit dem Pferd aus Ihrer Sicht auf den Therapieverlauf?